生活因阅读而精彩

生活因阅读而精彩

"新文风"系列丛书

权威、规范、实用的公文写作宝典

最新适用版

即学即会行政文书范本

高谋 ⊙ 主编

中国华侨出版社

图书在版编目(CIP)数据

即学即会行政文书范本 / 高谋主编.—北京：
中国华侨出版社,2012.7（2021.2重印）
（新文风系列丛书）
ISBN 978-7-5113-2595-2

Ⅰ.①即… Ⅱ.①高… Ⅲ.①行政管理-文书-写作
Ⅳ.①H152.3

中国版本图书馆CIP数据核字(2012)第154258号

即学即会行政文书范本："新文风"系列丛书

主　　编	/ 高　谋
责任编辑	/ 严晓慧
责任校对	/ 志　刚
经　　销	/ 新华书店
开　　本	/ 787×1092毫米　1/16开　印张/21　字数/340千字
印　　刷	/ 三河市嵩川印刷有限公司
版　　次	/ 2012年8月第1版　2021年2月第2次印刷
书　　号	/ ISBN 978-7-5113-2595-2
定　　价	/ 58.00元

中国华侨出版社　北京市朝阳区静安里26号通成达大厦3层　邮编:100028
法律顾问:陈鹰律师事务所
编辑部:(010)64443056　　64443979
发行部:(010)64443051　　传真:(010)64439708
网址:www.oveaschin.com
E-mail:oveaschin@sina.com

前言

众所周知,行政事务十分繁杂,往大的方面说,它担任着上传下达的工作任务;若谈到具体的工作,其涉及的内容就不是简单的一两句话能概括得清楚了。可见,在繁冗纷杂的工作中,公文写作是机关党政办公室人员、企业行政部门、办公室人员工一项必备的工作技能,是不可或缺的。

为了适应机关、企业办公室工作的要求,满足相应工作人员提高写作能力的需要,我们紧贴实际生活和工作实践,本着理论联系实际的原则,编写了这本《即学即会行政文书范本》。与同类书相比,这本书有以下几方面特点:

第一,内容全面,实用性强。本书参照国家公文处理法规和行政机关公文格式标准,淡化了理论方面的阐述,着重于写作方法的指导。同时,内容丰富充实,包括指挥类公文、知照类公文写作、报请类公文写作、事务类公文写作、规章类公文写作、工作会议类公文写作、人事管理类公文写作、社交礼仪类公文写作、机关社交礼仪类公文写作九大类。

第二，范本新颖，理论与范本紧密结合，逻辑严密，有较强的可操作性。对于机关行政工作人员文字材料写作能力的提高，具有很好的参考和借鉴作用。

第三，文风不刻板，写法新鲜活泼。本书从理论引申到实际，简洁直观，易学易懂，调节了阅读气氛，提高了读者的阅读兴趣。

在编写本书的过程中，我们参考了大量的相关著作和文献资料，也借鉴了不少作者的研究成果，在此要对他们表示感谢！

由于编者水平有限，加之时间紧、任务重，书中不当之处在所难免，敬请广大读者予以批评和指正。

目录

第1章 指挥类公文写作

第一节 命令 …………………………………………………… 2
◆ 撰写要领 …………………………………………………… 2
◆ 经典范文 …………………………………………………… 4
【范例1】 公布令
【范例2】 行政令
【范例3】 惩处令
【范例4】 嘉奖令
【范例5】 动员令
【范例6】 撤销令

第二节 决定 …………………………………………………… 9
◆ 撰写要领 …………………………………………………… 9
◆ 经典范文 …………………………………………………… 11
【范例1】 公布性决定
【范例2】 部署性决定
【范例3】 任免性决定
【范例4】 决策性决定
【范例5】 惩处性决定

第三节 批复 ·· 19
◆ 撰写要领 ·· 19
◆ 经典范文 ·· 21
【范例1】 规定性批复
【范例2】 政策性批复
【范例3】 指示性批复

第四节 意见 ·· 26
◆ 撰写要领 ·· 26
◆ 经典范文 ·· 28
【范例1】 直发性意见
【范例2】 建议性意见
【范例3】 指导性意见
【范例4】 规划性意见

第2章 知照类公文写作
第一节 通知 ·· 38
◆ 撰写要领 ·· 38
◆ 经典范文 ·· 39
【范例1】 告知性通知
【范例2】 任免性通知
【范例3】 知照性通知
【范例4】 事项性通知
【范例5】 颁发性通知
【范例6】 批示性通知
【范例7】 紧急通知

第二节　通告 ··· 48
- ◆ 撰写要领 ·· 48
- ◆ 经典范文 ·· 49
  - 【范例1】 事项性通告
  - 【范例2】 周知性通告
  - 【范例3】 法规性通告
  - 【范例4】 公布性通告

第三节　通报 ··· 54
- ◆ 撰写要领 ·· 54
- ◆ 经典范文 ·· 56
  - 【范例1】 表彰性通报
  - 【范例2】 情况性通报
  - 【范例3】 事故性通报
  - 【范例4】 批评性通报

第四节　公告 ··· 62
- ◆ 撰写要领 ·· 62
- ◆ 经典范文 ·· 64
  - 【范例1】 行政公告
  - 【范例2】 法规公告
  - 【范例3】 强制性公告

第3章　报请类公文写作

第一节　报告 ··· 68
- ◆ 撰写要领 ·· 68
- ◆ 经典范文 ·· 69
  - 【范例1】 工作报告
  - 【范例2】 答复报告

　　　　【范例3】 情况报告
　　　　【范例4】 调研报告
　第二节　请示 ·· 80
　　◆ 撰写要领 ··· 80
　　◆ 经典范文 ··· 82
　　　　【范例1】 申批性请示
　　　　【范例2】 安排性请示
　　　　【范例3】 批转性请示
　　　　【范例4】 解答性请示
　第三节　议案 ·· 87
　　◆ 撰写要领 ··· 87
　　◆ 经典范文 ··· 89
　　　　【范例1】 事项性议案
　　　　【范例2】 工作性议案
　　　　【范例3】 建议性议案

第4章　事务类公文写作

　第一节　工作计划 ·· 94
　　◆ 撰写要领 ··· 94
　　◆ 经典范文 ··· 95
　　　　【范例1】 工作计划
　　　　【范例2】 学习计划
　　　　【范例3】 活动计划
　第二节　工作规划 ·· 105
　　◆ 撰写要领 ··· 105
　　◆ 经典范文 ··· 106

【范例1】 工作规划
　　　【范例2】 发展规划
第三节　工作总结 ……………………………………………… **111**
◆ 撰写要领 ……………………………………………………… **111**
◆ 经典范文 ……………………………………………………… **114**
　　　【范例1】 活动总结
　　　【范例2】 会议总结
　　　【范例3】 阶段工作总结
　　　【范例4】 个人工作总结

第四节　工作简报 ……………………………………………… **123**
◆ 撰写要领 ……………………………………………………… **123**
◆ 经典范文 ……………………………………………………… **126**
　　　【范例1】 情况简报
　　　【范例2】 会议简报
　　　【范例3】 专题简报

第五节　工作要点 ……………………………………………… **131**
◆ 撰写要领 ……………………………………………………… **131**
◆ 经典范文 ……………………………………………………… **132**
　　　【范例1】 年度工作要点

第六节　工作经验介绍 ………………………………………… **137**
◆ 撰写要领 ……………………………………………………… **137**
◆ 经典范文 ……………………………………………………… **138**
　　　【范例1】 经验介绍

第七节　大事记 ………………………………………………… **140**
◆ 撰写要领 ……………………………………………………… **140**
◆ 经典范文 ……………………………………………………… **141**
　　　【范例1】 单位大事记

第八节 邀请信、出访请示 ························ 142
◆ 撰写要领 ························ 142
◆ 经典范文 ························ 144
【范例1】 论坛邀请信
【范例2】 招标邀请信
【范例3】 出访请示

第九节 外事动态、外事总结 ························ 147
◆ 撰写要领 ························ 147
◆ 经典范文 ························ 148
【范例1】 外事动态
【范例2】 外事总结

第十节 备忘录、外事函电 ························ 151
◆ 撰写要领 ························ 151
◆ 经典范文 ························ 152
【范例1】 备忘录
【范例2】 外事函电

第5章 规章类公文写作

第一节 制度 ························ 156
◆ 撰写要领 ························ 156
◆ 经典范文 ························ 158
【范例1】 考勤管理制度
【范例2】 食堂管理制度
【范例3】 档案管理制度

第二节 规定 ························ 165
◆ 撰写要领 ························ 165

- ◆ 经典范文 …………………………………………………… 167
  - 【范例1】 政策性规定
  - 【范例2】 事项性规定
  - 【范例3】 专项工作规定

第三节　条例 ………………………………………………………… 173
- ◆ 撰写要领 …………………………………………………… 173
- ◆ 经典范文 …………………………………………………… 176
  - 【范例1】 组织规章性条例
  - 【范例2】 行政管理性条例
  - 【范例3】 法律实施性条例

第四节　办法 ………………………………………………………… 184
- ◆ 撰写要领 …………………………………………………… 184
- ◆ 经典范文 …………………………………………………… 185
  - 【范例1】 管理办法
  - 【范例2】 实施办法
  - 【范例3】 处理办法

第五节　章程 ………………………………………………………… 190
- ◆ 撰写要领 …………………………………………………… 190
- ◆ 经典范文 …………………………………………………… 191
  - 【范例1】 条目式章程
  - 【范例2】 总纲分章式章程

第六节　规程 ………………………………………………………… 196
- ◆ 撰写要领 …………………………………………………… 196
- ◆ 经典范文 …………………………………………………… 197
  - 【范例1】 竞赛规程
  - 【范例2】 会议规程
  - 【范例3】 操作规程

第七节　公约 **202**
- ◆ 撰写要领 **202**
- ◆ 经典范文 **203**
  - 【范例1】 行业公约
  - 【范例2】 文明公约

第八节　守则 **208**
- ◆ 撰写要领 **208**
- ◆ 经典范文 **210**
  - 【范例1】 原则性守则
  - 【范例2】 完整性守则
  - 【范例3】 行业性守则

第6章　工作会议类公文写作

第一节　会议预备通知 **216**
- ◆ 撰写要领 **216**
- ◆ 经典范文 **217**
  - 【范例1】 会议预备通知

第二节　会议记录 **219**
- ◆ 撰写要领 **219**
- ◆ 经典范文 **220**
  - 【范例1】 办公会议记录
  - 【范例2】 摘要式会议记录
  - 【范例3】 座谈会议记录

第三节　会议方案 **224**
- ◆ 撰写要领 **224**
- ◆ 经典范文 **226**
  - 【范例1】 一般会议方案

　　　　【范例2】 大型会议方案

第四节　会议纪要 ································· 230
　◆ 撰写要领 ································· 230
　◆ 经典范文 ································· 232
　　　　【范例1】 专题工作会议纪要
　　　　【范例2】 协调工作会议纪要
　　　　【范例3】 办公会议纪要
　　　　【范例4】 工作交流会议纪要

第五节　函 ································· 237
　◆ 撰写要领 ································· 237
　◆ 经典范文 ································· 239
　　　　【范例1】 告知函
　　　　【范例2】 请求函
　　　　【范例3】 答复函
　　　　【范例4】 审批函

第7章　人事管理类公文写作

第一节　劳动文书 ································· 244
　◆ 撰写要领 ································· 244
　◆ 经典范文 ································· 244
　　　　【范例1】 招聘计划书
　　　　【范例2】 举办大型招聘洽谈会审批及批准书

第二节　聘书 ································· 248
　◆ 撰写要领 ································· 248
　◆ 经典范文 ································· 249
　　　　【范例1】 聘任制聘书

【范例2】 合同制聘书

第三节　人事管理文书 251
◆ 撰写要领 251
◆ 经典范文 251
【范例1】 企业人力资源管理方案
【范例2】 员工保证书

第8章　社交礼仪类公文写作

第一节　介绍信 258
◆ 撰写要领 258
◆ 经典范文 259
【范例1】 介绍信

第二节　推荐信 260
◆ 撰写要领 260
◆ 经典范文 262
【范例1】 个人自荐信
【范例2】 推荐信

第三节　证明信 264
◆ 撰写要领 264
◆ 经典范文 265
【范例1】 证明信

第四节　公开信 266
◆ 撰写要领 266
◆ 经典范文 267
【范例1】 致民众的公开信
【范例2】 致选民的公开信

第五节　表扬信 ······ **271**
- ◆ 撰写要领 ······ 271
- ◆ 经典范文 ······ 273
  - 【范例1】 表扬信

第六节　批评信 ······ **276**
- ◆ 撰写要领 ······ 276
- ◆ 经典范文 ······ 277
  - 【范例1】 批评信

第七节　感谢信 ······ **278**
- ◆ 撰写要领 ······ 278
- ◆ 经典范文 ······ 280
  - 【范例1】 慰问感谢信
  - 【范例2】 工作感谢信

第八节　慰问信 ······ **283**
- ◆ 撰写要领 ······ 283
- ◆ 经典范文 ······ 285
  - 【范例1】 节日性慰问信
  - 【范例2】 抚慰性慰问信
  - 【范例3】 表彰性慰问信

第9章　机关社交礼仪类公文写作

第一节　申请书 ······ **290**
- ◆ 撰写要领 ······ 290
- ◆ 经典范文 ······ 291
  - 【范例1】 入党申请书
  - 【范例2】 入团申请书

第二节 决心书、保证书 ·············· 294
◆ 撰写要领 ·············· 294
◆ 经典范文 ·············· 295
【范例1】 决心书

第三节 意向书 ·············· 296
◆ 撰写要领 ·············· 296
◆ 经典范文 ·············· 298
【范例1】 合作意向书

第四节 挑(应)战书 ·············· 299
◆ 撰写要领 ·············· 299
◆ 经典范文 ·············· 301
【范例1】 挑战书
【范例2】 应战书

第五节 贺信、贺电 ·············· 303
◆ 撰写要领 ·············· 303
◆ 经典范文 ·············· 304
【范例1】 贺信
【范例2】 贺电

第六节 喜报、捷报 ·············· 306
◆ 撰写要领 ·············· 306
◆ 经典范文 ·············· 308
【范例1】 喜报
【范例2】 捷报

第七节 讣告 ·············· 309
◆ 撰写要领 ·············· 309
◆ 经典范文 ·············· 310
【范例1】 一般讣告
【范例2】 公告式讣告

第八节　悼词 …………………………………………… 312
　◆撰写要领 ……………………………………………… 312
　◆经典范文 ……………………………………………… 313
　　【范例1】　宣读体悼词
　　【范例2】　书面体悼词

最新适用版

第 1 章
指挥类公文写作

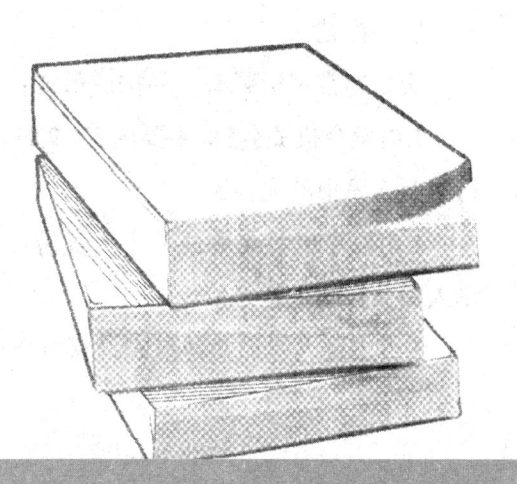

第一节 命令

撰写要领

一、命令的概述

命令,是指法定的领导机关或领导人对下级发布的一种具有强制执行效力的指挥性公文。它适用于依照法律规定公布行政法规和章程,宣布施行重大强制性行政措施以及嘉奖有关单位和人员。

二、命令的特点

(一)权威性。命令是行政公文中最具有权威性的文种。

(二)强制性。命令由国家权力机关下达,对下级工作进行指导、指挥,下级必须无条件服从和执行,具有明显的强制性。

(三)严肃性。命令目的明确、要求具体,多用于颁布法律法规,具有严肃性。

三、命令的写作格式

(一)标题

命令的常用标题有三种构成形式:

1.由发令机关名称、主要内容、文种构成。如《中华人民共和国国务院关于发行新版人民币的命令》。

2.由发令机关名称或发令人身份加文种组成。如《北京市人民政府令》、《中华人民共和国主席令》。

3.由主要内容加文种组成。如《向全国进军的命令》。这种形式应用较少。

(二)正文

正文主要由以下三大部分组成：

1.开头部分主要写发布命令的原因、根据、目的、意义等。作为开头部分，原则上不宜过长，但有时因原因复杂、意义重大，也可以用较多文字表述。如《向全国进军的命令》，开头部分就占了全文的二分之一左右。

2.主体部分是全文的核心，主要写命令事项，也就是要求受命者做些什么、怎么做、做到何种程度等等。这部分内容复杂，层次较多，一般都需要分条表达，以便眉目清楚。

3.结尾部分，主要用来写执行要求。如由何单位负责执行，从何时起开始执行等等。

(三)落款

包括发布机关名称(或发布领导人姓名/职务)和成文日期，写在正文后右下角。而且，日期格式采用汉字行文，非阿拉伯数字，写全年、月、日，"零"写成"〇"，如"二〇一〇年一月一日"。

经典范文

范例 1　公布令

××市人民政府令

第 135 号

《××市酒类流通管理实施办法》已经20××年×月×日市人民政府第×次常务会议讨论通过,现予发布,自20××年×月×日起施行。

市长×××

二〇××年×月×日

范例 2　行政令

××省人民政府关于清理道路检查站(卡)的命令

各市、县、自治县人民政府,省政府直属各单位:

为整治在公路上设卡查车、乱扣乱罚的现象,坚决纠正行业不正之风,促进经济、文化交流,保障人民群众和企业的合法权益,省人民政府决定清理在各地道路上设置的检查站(卡),特发布如下命令:

一、除我省与毗邻省(区)接壤的公路交通要道设立必要的检查站外,省内国道上的检查站(卡)从×月×日起一律撤销。

二、公安、交通、工商、税务、林业、畜牧业等部门需要在省道、县道及毗邻省

(区)接壤的交通要道上设置检查站(卡),必须经省人民政府批准。各地、各部门自行设置的检查站(卡)均为非法,群众和车辆驾驶人员可拒绝接受其检查。

三、除公安干警追捕刑事案犯、打击车匪路霸、维护交通秩序及处理交通事故外,其他任何人员不得上路检查,不得拦截在公路上正常行驶的车辆,不得对旅客实施人身检查。

四、经批准设立的检查站的执勤人员,在执行检查任务时,应出示省人民政府办公厅统一核发的《公路检查证》,佩戴行业标志。无上述证件、标志的,为非法检查。

五、各类检查人员执行检查公务时,不得超越本职检查范围,不得非法扣罚。被检查者应尊重执勤人员配合检查。省各主管部门对本系统的检查人员实行有效监督管理,发现问题必须及时处理。

六、本命令责成省人民政府法制局、省监察厅及各级法制、监察部门执行,并负责对各类检查站及执法人员进行监督。被检查单位、群众认为检查人员有违反本命令的,可以向监察部门反映、举报。监察部门应及时作出处理。

七、省人民政府过去有关规定与本命令有抵触的,一律以本命令为准。

二○xx年x月x日

范例 3 惩处令

行政处罚命令
xx字第xx号

xx学校工会:

市总工会对你校工会擅自多收取工会会员会费,并在整改通知期限内没有及时改正错误,致使许多人员上访,造成了极其恶劣的影响,经市总工会委员会讨论,现作出如下处罚决定:

一、给予工会主席行政警告处分，工会副主席记过处分。

二、尽快返还多收取的会费。

三、书面道歉，消除影响。

××市总工会
二○××年×月×日

范例 4　嘉奖令

关于对我院首批抗震救灾医疗救援队员的嘉奖令

"5·12"四川汶川特大地震灾害发生后，我院党委、院务处认真落实上级的各项决策部署，充分发扬"一方有难、八方支援"的精神，视灾情如命令，视时间如生命，迅速派出邹×、孟×、谢×、赵×、田×、申×、杨×7名同志作为××市首批医疗救援队员赶赴灾区执行救治任务，其中邹×副院长受命作为医疗小分队副队长组织医疗救治工作。

救援队克服各种困难，以最快速度奔赴四川灾区。到达目的地后，队员们不顾一路疲劳，放下背包，立即投入到救治伤员的战斗之中。在14天的时间里，医疗防疫救援队转战青川、旺苍等几个地方，共诊治轻重伤员116人，转送伤员13人。期间，他们走访了旺苍县35个乡镇中的29个乡镇，巡诊102人次，义诊305人次，发放药品折合人民币15万元。同时，我院栾×同志受××党委、政府委托，先后2次向灾区运送××红十字会大量的救援物资。他们没有辜负党和人民的希望和重托，为挽救灾区人民生命作出了积极贡献。

为表彰先进，鼓舞士气，进一步激发和凝聚全院广大党员、干部、职工抗震救灾的热情和力量。经院党委研究，决定对我院首批赴四川抗震救灾的邹×、孟×、谢×、赵×、田×、申×、杨×7名医疗救援队员及先后2次赶赴灾区运送××红十字会救援物资的栾×同志进行嘉奖。

希望受到表扬的8名同志继续发扬连续作战、敢打硬仗的优良传统，并号召全院广大党员、干部、职工以他们为榜样，学习他们奋不顾身、不畏艰险、敢于牺牲的大无畏精神；学习他们团结奋斗、不怕疲劳、顽强拼搏的优良作风，以满腔的热情和坚忍的意志投入到实际工作中去。

××医院党委
二〇××年×月×日

范例5 动员令

市政府发出森林消防动员令——清明期间禁止林区用火

清明前后祭祖上坟是传统习俗，然而每年这个时节，也是森林火灾的多发时段。昨天下午，我市召开全市森林消防视频会议，市政府发出动员令：3月27日至4月7日，禁止林区一切野外用火，各级各部门必须高度重视，尽职尽责，全力以赴抓好森林消防工作。

一、领导亲自"挂帅"

据气象消息，今年清明节期间，我市以晴好天气为主，容易发生森林火灾。

各级党委、政府主要领导要亲自动员、部署、抓落实，把责任细化分解落实到每一个山头、每一个地块，逐一落实相应的看护责任人员，分片包干。行政区域交界处要互通信息，联防联守。

清明节期间，县(市、区)四套班子领导要分头带队深入乡村和森林消防重点区域督查。各级各部门也要全面总动员，做好相关工作。对于因玩忽职守而造成重大森林火灾的，从严处理相关责任人。

二、严控野外火源

清明节期间的森林消防工作关键是禁火，其中，严控野外火源是关键中的关键。×月×日至×月×日，禁止明火上坟、明火上山和林区一切野外用火。

在此基础上，各地要根据天气情况和群众上坟习俗等提前或延长森林消防禁火期，同时做好"疏导"，可以在安全地带划定范围允许群众烧香、点烛等。

各地安监、工商等部门要对烟花爆竹销售情况进行一次全面的检查和整顿，坚决取缔无证销售，森林消防禁火期内全市禁止销售各种烟花爆竹。同时，

禁售、禁放"孔明灯"。

森林消防重点乡镇（街道）和单位要制定管火预案，明确重点监管地段和监管时段，落实专人巡山管火。有违规用火者，须严查。

三、做好准备工作

各地要合理制定专门的扑火应急预案，以及不同火险条件下各级政府和森林消防部门的应对措施，确保能够适应火险的形势变化。及时、有序、合理、高效地做好森林消防工作。

全市各级政府和森林消防部门要全面进入临战状态。要发动和组织好以村为单位的义务森林消防队，但须以人为本，严禁组织老、弱、病、残、幼等人员参加扑火。

同时，要加强值班，确保信息畅通。森林消防禁火期内，每天下午5点前，各县（市、区）要将当天森林消防的详细情况汇总上报至市森林消防办公室。

森林火灾绝大多数是人为因素引起的。清明节期间，我们倡导无烟扫墓、文明祭祖的新风尚。

××市政府办公室

二〇××年×月×日

范例6 撤销令

××市人民政府撤销××县《公路过往车辆收费暂行规定》的命令

经市人民政府20××年×月×日第×次常务委员会研究决定。撤销××县《公路过往车辆收费暂行规定》。经由××县高速公路过往的车辆的收费标准按市发[20××]×号文件执行。

××市人民政府

二〇××年×月×日

第二节 决定

撰写要领

一、决定的概述

决定是一种重要的指导性和约束性公文。党政机关、社会团体或企事业单位对重要事项或重大行动作出安排，都用"决定"。决定在加强领导、统一行动、提高经济效益方面起着重大作用。决定一般包括处置性决定、公布性决定、部署性决定等。

二、决定的适用范围

决定是党政机关共有的一个公文文种，但就适用范围而言，决定在行政机关的使用比在党的机关要广泛得多。在党的机关，决定"用于对重要事项作出决策和安排"，而在行政机关，根据《国家行政机关公文处理办法》第九条规定，"适用于对重要事项或者重大行动作出安排，奖惩有关单位及人员，变更或者撤销下级机关不适当的决定事项"。显然，奖惩以及变更或者撤销的功能是党的机关的决定这一文种所未被赋予的。

三、决定的特点

（一）具有权威性、规范性

决定一般由上级机关制发，体现上级机关的意志，对下级机关提出明确具体的要求，内容涉及国内重大事项和重大行动，要求下级机关和有关人员绝对服从和严格贯彻执行。也就是说，决定具有较高的权威性、规范性。

(二)具有政策性

决定对重大事项、重大行动作出安排,需要强调其任务意义,详细阐明有关大政方针,指出执行的政策、措施,因此内容比较丰富,具有较强的政策性。

(三)具有严肃性

决定的内容一般都是重要事项或重大行动,特别是指导性决定要求下级机关无条件地执行,内容客观,语气坚决、严肃。

(四)具有周知性

有些决定只要求人们知晓某些重大事项,而无具体的执行要求,1999年12月18日《中华人民共和国国务院关于授权澳门特别行政区政府接收原澳门政府资产的决定》即是。

(五)具有准确性

决定的缘由是决定的依据、理由,必须规范、准确、清楚,不能编造。

四、决定的分类

(一)公布性决定

公布性决定是一种在会议上直接公布某个议案具体内容时使用的公文。

(二)部署性决定

党和国家行政机关为部署所属全局工作,或采取某种重大举措而使用的一种公文,称为部署性决定。

(三)任免性决定

对人事任免作出安排的决定,称为任免性决定。

(四)决策性决定

决策性决定也是党和国家行政机关为部署所属全局工作,或采取某种重大举措而使用的一种公文。

(五)惩处性决定

对一些影响较大、群众关心的事故和错误进行处理的决定,称为惩处性决定。

五、决定的写作格式

（一）标题

决定的标题一般采取公文的常规格式，即发文机关+主要内容+文种。如决定系会议通过或批准的，要用全标题，并在标题下写明日期、经什么会议通过或批准，用圆括弧说明。

（二）正文

决定的正文一般由开头、主体、结尾三部分组成。

开头一般是写发布决定的背景、根据、目的、意义，如果是批准某一文件的决定，则写明批准对象的名称。

主体写决定事项。用于指导工作的决定，这部分要提出工作任务、措施、方案、要求等，内容复杂时要用小标题或条款显示出层次来。

决定的内容较为单纯，一般采取一段式，不分条项。内容稍复杂一些的，决定事项较多，可分条列出，以求醒目，利于执行。决定的缘由与决定的事项之间，用"为此……决定"、"现决定"转接并领起下文。重大决策的决定，由于内容丰富，涉及面广，政策性强，要按照内容安排篇章结构。

经典范文

范例1　公布性决定

××市人民政府关于公布清理政策性规范性文件结果的决定

×政发[20××]×号

各县、区人民政府，各中央、省属单位，市政府各直属单位：

为了深入贯彻《中华人民共和国行政许可法》，经20××年×月×日市政府第

11

四次常务会议决定,对20××年前以市政府和市政府办公室名义发布的政策性、规范性文件废止106件、修改17件,现予公布。

二○××年×月×日

范例 2　部署性决定

××市人大通过关于加强食品安全监管的决定

××市第二届人民代表大会常务委员会第二十六次会议听取了市人民政府《关于我市食品安全工作情况的报告》。市人民政府的报告比较客观地反映了当前我市食品安全工作的总体形势、取得的成绩和存在的问题。会议认为,食品安全关系到广大人民群众的身体健康和生命安全,关系到经济发展和社会稳定,因此做好食品安全工作意义十分重大。会议要求,各级人民政府要坚持科学发展观,牢固树立以人为本、执政为民的思想,全面履行政府职责,切实把建立健全食品安全保障体系作为当前我市构建和谐社会的重要工作抓紧抓好;要创新工作方式,着力治本,建立健全食品安全监管制度和长效机制;要明确并落实部门责任,强化食品安全管理的综合监督与组织协调,努力提高食品安全综合监管工作水平。根据《国务院关于进一步加强食品安全工作的决定》,结合本市实际,特作如下决定:

一、食品安全监管遵循统一领导、分级负责、综合监督、依法监管、强化基础、信息公开的原则。

二、各级人民政府对本行政区域内食品安全工作负总责。

市、区县(自治县、市)人民政府应统一领导、协调本行政区域内食品安全监管工作。将食品安全工作纳入国民经济和社会发展中长期规划;逐年加大财政投入,保障食品安全工作的正常开展;建立和完善统一协调、权责明确的食品安全监管体系,切实加强食品安全监管机构和队伍建设。

市、区县(自治县、市)人民政府应建立食品安全监管责任制和责任追究制,将食品安全监管纳入政府目标管理绩效考核;理顺监管体制,明确部门职责,建立健全食品安全组织协调机制,加强对食品安全监管工作的协调、监督;加强食品检测技术装备建设,建立食品安全监测制度;建立食品安全信用体系和失信惩戒机制,引导企业诚信守法。

三、食品药品监管部门是市、区县(自治县、市)人民政府的食品安全综合监督部门,市人民政府应明确食品安全综合监督部门的职责,使食品安全综合监督部门能切实履行综合监督、组织协调、依法组织查处重大食品安全事故等职责。农业、质监、工商、卫生、商业等食品安全专项监管部门,依法履行食品安全监管职责。

食品安全综合监管部门和食品安全专项监管部门应当加强配合,共同做好全市食品安全监管工作。

四、乡镇人民政府(街道办事处)应根据市人民政府的规定,统一领导、协调本行政区域内食品安全监管工作,配合食品安全综合监督和专项监管部门,加强对食品安全事故易发环节的监督检查。

食品安全综合监督和专项监管部门应加强对乡镇(街道)食品安全监管工作的督促指导和人员培训。

五、各食品行业协会应充分发挥自我规范、自我管理、自我提高的作用,加强行业自律,督促各食品企业认真遵守国家法律法规,严格执行食品安全标准;积极配合政府及有关部门做好食品安全监管工作,及时向有关食品安全监管部门报送行业信息。

六、食品生产者、销售者和餐饮经营者是食品安全的第一责任人,应强化诚信守法意识,严格遵守食品安全的法律法规、强制性标准与技术规范,切实保证食品安全。

食品生产者、销售者和餐饮经营者对食品安全监管部门的监督检查活动应当予以配合,不得拒绝。

七、建立食品监督抽查制度。食品安全综合监督部门应会同质监、工商、卫生等食品安全专项监管部门,制定年度食品抽查检验计划,避免部门重复抽检。区县(自治县、市)食品抽查检验计划不得与市级食品抽查检验计划重复。

食品安全专项监管部门应当依照食品抽查检验计划开展食品抽查检验工

作。在计划之外增加对相关食品抽查检验的,有关食品安全专项监管部门应当向食品安全综合监督部门通报。

八、市人民政府应建立食品安全信息制度。食品安全综合监督和专项监管部门应加强信息沟通,实现互联互通与信息资源共享,建立食品安全信息平台,定期公开发布食品安全监测信息。

九、各级人民政府及食品安全监管部门应加强食品安全知识与法律法规宣传,提高公众食品安全意识与自我保护能力。

新闻媒体应当开展食品安全知识与法律法规宣传教育与普及工作,充分发挥舆论监督作用,曝光、揭露食品安全违法犯罪行为。

鼓励和倡导企业、事业单位、社会团体及公民个人组织开展食品安全知识与法律法规宣传。

十、各级人民政府应当根据上级政府的食品安全事故应急预案,依法制定本行政区域内的食品安全事故应急预案,并报上一级人民政府备案。

发生食品安全事故时,各食品安全监管部门应在同级政府统一领导下,按食品安全事故应急预案立即开展食品安全事故应急救援与处置。

食品生产者、销售者和餐饮经营者应当制定本企业食品安全事故处置方案,定期检查各项安全防范措施的落实情况,及时消除事故隐患。发生食品安全事故时,事故单位负责人应当按照食品安全事故处置方案对事故予以处理,采取有效措施,防止事故扩大,同时按规定及时向当地相关食品安全监管部门报告。

十一、各级人民政府应定期对各食品安全监管部门和下一级人民政府的食品安全工作进行评议、考核,对失职、渎职的部门和责任人依法进行责任追究。

发生重大食品安全事故时,食品安全综合监督部门应当立即会同有关部门进行事故责任调查,向本级人民政府提出事故调查处理意见。

十二、市、区县(自治县、市)人大常委会应定期听取和审议政府食品安全专项工作报告。开展相关法律法规的执法检查,加强食品安全工作监督和法律监督。

范例 ③ 任免性决定

关于×××等同志职务任免的决定

县人民政府：

　　依照《中华人民共和国地方各级人民代表大会和地方各级人民政府组织法》四十四条第十款的规定,根据××县人民政府县长×××的提请,××县第十六届人民代表大会常务委员会第15次会议审议决定：

　　×××同志任××县人民政府办公室主任；

　　免去×××同志××县人民政府办公室主任职务。

××县人大常委会
二〇××年×月×日

范例 ④ 决策性决定

关于实行十项扶农政策的决定

各党(总)支部,各部、委、办、局,企事业单位,村委会、村民小组,群团组织：

　　为贯彻以人为本,落实科学发展观,扩大公共财政覆盖农村,让人民群众普惠发展成果,体现权为民所用、情为民所系、利为民所谋,建设社会主义新农村,现决定从2009年开始在××片区执行十项扶农政策：

　　一、对中、小学生实行学习成绩奖励

　　本地农村户口、在本地就学,高中毕业生参加高考被录取为一类本科的,每人一次性奖励5000元;参加高考被录取为二类本科的,每人一次性奖励2000元。初中毕业生参加升高中考试,成绩在校区前三名的,每人一次性奖励500元。小学毕业生参加升初中考试,成绩在校区前三名的,每人一次性奖励300元。

二、对拆除茅草房、竹片房、权权房,新建住房实行扶助

本地农村户口的农户,拆除居住主房为茅草房、竹片房、权权房新建主房面积达60平方米以上,除上级给予的扶助政策外,每户一次性扶助5000元。

三、对一户有两名以上残疾成员的家庭实行生活扶助

本地农村户口,一户家庭有两名及以上残疾、智障成员的(持有残疾证),对残疾、智障成员每人每月给予50元生活扶助。

四、对百岁老人实行生活扶助

本地农村户口,年龄达到或超过100周岁的,每人每月给予100元生活扶助。

五、对一年内亡故2名以上成员的家庭实行扶助

本地农村户口的家庭,一年内亡故(不含违法犯罪行为导致死亡)2名以上家庭成员的,每户一次性给予3000元的扶助。

六、对多胞胎生育实行扶助

本地农村户口的家庭,一胎生育2名(不含计划外生育)或以上胎儿的,在新生儿年满14周岁以前,每人每月给予50元生活扶助。

七、对住房完全毁坏的农户实行扶助

本地农村户口的家庭,因灾住房完全毁坏不能居住的,每户一次性给予5000元扶助。

八、对新建水冲式卫生厕所实行奖励

本地农村户口家庭,新建水冲式卫生厕所的,每户一次性给予800元扶助。

九、对创建文明村实行奖励

村(组)创建文明村,通过国家级验收的,每个村(组)一次性给予5000元奖励;通过省级验收的,每个村(组)一次性给予3000元奖励;通过市级验收的,每个村(组)一次性给予2000元奖励。

十、对创办托牛所实行扶助

在村庄外创办托牛所,对村庄洁净有贡献的,5~10户农户参托的,每年每所给予5000元扶助;11~29户农户参托的,每年每所给予10000元扶助;30户以

上参托的,每年每所给予20000元扶助。

以上扶农政策的享受对象,由村民公决、村组公示、社会公认、农村发展局审核后执行。所需资金按"实支列报"方式纳入年度财政预算。

中共xx市xx区工作委员会
xx市xx区管理委员会
二〇xx年xx月xx日

范例 5　惩处性决定

关于对xxx同志违纪违规问题的处理决定

我公司员工xxx同志在担任领班期间(兼管仓库工具),责任心不强,不爱护公司财物,对工具疏于管理,没有履行正常的出入仓手续,造成绿篱剪和木镰等一批工具遗失,已难以追回,给公司造成较大的经济损失,严重失职。公司于2003年9月17日免去其领班职务,并给予一次改正机会,重新安排岗位工作。但在办理工具交接手续时,xxx不按要求当场办理书面移交记录和签名确认手续,以后公司多次派人要求其补签移交手续,其仍不予合作,找借口推卸责任,拒不签名确认已移交的工具,违纪违规情节严重,在员工中造成了不良的影响。

为严肃纪律,维护正常的工作秩序,确保《员工守则》的顺利实施,公司经研究后,决定对xxx同志作出如下处理:

一、立即辞退。根据本公司《员工守则》第四章第二条第1节第4小节和第10小节的规定,从2003年11月25日起辞退该员工,工资结算至2003年11月24日。

二、赔偿损失。根据本公司《员工守则》第四章第二条第4节第2小节的规定,按应承担的责任赔偿因失职丢失工具而给公司造成的经济损失。

三、两天内办妥离职手续。限于11月25、26日两天内办妥有关离职手续,交回经手签名领取的工具、考勤卡和《员工守则》,再结算工资。逾期将不予办理。

希望各员工引以为戒,认真遵守各项规章制度,珍惜工作机会,尽职尽责做好本职工作。

××花木公司
二〇××年×月×日

第三节　批复

撰写要领

一、批复的概述

批复是指上级机关答复下级机关请示事项的指导性文件,属下行文。批复必须以下级机关的请示为存在条件。批复与请示,是彼此相互对应的两种公文。请示是上行文,批复是下行文。没有下级机关的请示,也就没有上级机关的批复。批复与请示,是正式行政公文中唯一相关联的一对文种。这一特点,决定了在批复的撰写中,应该充分体现批复对于请示的针对性。

二、批复的适用范围

根据《国家行政机关公文处理办法》的规定,批复"适用于答复下级机关的请示事项"。下级机关用请示向上级机关行文,上级机关即须以批复作出相应的答复。以批复形式答复的请示事项,一般是比较重要但涉及面不是很广的事项。除了批复之外,答复请示事项还可以考虑选用其他文种。例如,国家工商行政管理总局呈报国务院的《关于在全国逐步推行经济合同示范文本制度的请示》,所请示事项意义重大,涉及面广,所以国务院没有以批复的形式单独回复来文机关,而是由办公厅制发通知,将国家工商行政管理总局的请示转发给有关机关、部门和单位,在要求执行的同时,也就表明了对请示事项的态度和意见。

三、批复的特点

(一)具有专向性

批复专门针对请示行文,而不针对别的文种;批复的内容也针对请示中的具体事项，与请示事项无关的内容则不涉及。

（二）具有针对性

上级机关批复下级机关的请示事项，往往是针对某一具体公文的具体问题作出的答复，一般不涉及其他问题。它是被动行文，不像指示是上级机关根据需要随时可以主动行文，且受文单位和内容具有广泛性。

（三）具有指令性

上级机关在批复里对政策所作的解释、提出的指导性意见以及表明的批准或不批准的态度，具有权威性和指令作用，下级机关必须遵照执行。

（四）具有政策性

批复对请示事项所作的答复，都要以党和国家的政策为依据，要坚持原则，照章办事。

（五）具有单一性

批复单一性的特点体现在两个方面：一是发文对象的单一性。批复是一对一的下行文，是专门回复下级机关请示的，所以其受文对象就是请示单位；二是发文内容的单一性，请示是"一文一事"，批复则是"一文一答"。

（六）具有结论性

上级机关在批复中，必须作出明确、结论性的意见，写明"同意"或"不同意"，而不能含糊其辞，似是而非。下级机关收到批复，必须遵照执行。

（七）具有时效性

上级机关收到下级机关的请示后，必须及时答复，否则就会误时误事。有些机关采取的对"收到下级机关请示后一周内不予答复则可视为同意"的规定，就是强调时效性，以提高办事效率。

四、批复的写作格式

（一）标题和主送机关

1.标题。批复的标题一般采用发文机关+主要内容+文种的写法。不同的是，批复往往在标题的主要内容一项中明确表示对请示事项的意见和态度，而一般公文标题中的主要内容部分只点明文件指向的中心事项或问题，多数不明确表示态度和意见。

2.主送机关。批复的主送机关,一般只有一个,那就是发出请示的下级机关。

(二)正文

批复的正文一般由批复依据、批复事项、执行要求三部分组成。

1.批复依据。批复依据主要涉及对方的请示和与请示事项有关的方针政策、上级规定。对方的请示是批复最主要的根据,要完整引用请示的标题并加括号注明其请示的发文字号,例如"你省《关于变更××市行政区域范围的请示》(×政[1999]49号)收悉"。

上级的有关文件和规定是答复请示的政策和理论依据。可表述为:根据××关于××的规定,现作如下答复。必要时,可标引文件名、文件编号和条款序号。如果下级请示的事项在上级文件和规定中找不到依据,这样的文字便不需出现了。

2.批复事项。针对下级机关请示所发出的指示、作出的批准决定,以及补充的有关内容,都属于批复事项。如果内容复杂,可分条表述,但必须坚持一文一批的原则,不得将若干请示合在一起用列条的方式分别给予答复。

3.执行要求。对下级执行批复的要求可写在结尾处,文字要简约。

批复写作要注意及时、明确、庄重严谨、言简意赅。

经典范文

范例 1 规定性批复

××省建设厅、省物价局、省财政厅
关于××县出租汽车经营权有关问题的批复

一、同意××县××年通过招商方式行政审批给予××出租汽车有限公司的70辆出租汽车和××年行政审批的10辆出租汽车纳入有偿有期限管理。这80辆出

租汽车经营权有偿使用期限为10年。经营期限为20xx年x月xx日至20xx年x月xx日。

二、这80辆出租汽车经营权有偿使用从20xx年x月x日起计收,剩余经营权有偿使用费征收标准为10030元/辆,一次性收取。

三、同意xx县20xx年公开出让70辆出租汽车经营权指标,经营权有偿使用期限为8年,出让期届满,经营权终止,出让采用以服务质量作为主要竞标条件的邀请招标方式面向原顺达公司出租汽车承包人进行,根据《国务院办公厅关于进一步规范出租汽车行业管理有关问题的通知》(国办发[2004]81号)文件精神,为避免单纯追求提高经营权收益的行为,经营权有偿使用费征收标准为签约每车3.2万元/8年。

四、这80辆出租汽车可驻点经营的范围为xx县城区、近郊区以及城市行政区域内因城市建设和发展需要实行规划控制的区域。

二○xx年xx月xx日

范例② 政策性批复

xx市政府关于留学人员工作有关问题处理意见的批复
x政函[2008]202号

市人事局:

你局《关于留学人员工作有关问题处理意见的请示》(x人专[2008]309号)收悉。经市政府研究,现就有关事项批复如下:

一、关于《xx市留学回国人员工作证》发放范围问题。扩大《xx市留学回国人员工作证》的发放范围,即由目前持有中国护照的留学人员扩大到合法取得外国国籍并在xx(市)创业或从事科技、教育、管理的高层次留学人员的界定,按照《关于在留学人才引进工作中界定海外高层次留学人员的指导意见》(国人部发

[2006]25号)的规定执行。留学人员凭《××市留学回国人员工作证》申请创业资助,并在购买商品房、子女入学、入住酒店等方面享受与市民相同待遇。

二、关于出入境管理问题。为取得外国国籍并在××(市)创业或从事科技、教育、管理的高层次留学人员提供出入境便利;对需多次、临时出入境人员,可根据实际需要给予2~5年多次入境有效的"F"签证;对需在××(市)常住人员,可办理2~5年有效的外国人居留许可。办理上述手续时,高层次留学人员须提供一类授权单位的公函等有关资料。

三、关于住房问题。放宽来××(市)创业留学人员申购引进人才专项住房的准入条件,即持有中国护照,在国外学习并获得国外硕士以上学位或回国后取得副高级以上技术职称的在××(市)落户的留学人员(含留学人员配偶是外国国籍的),申购引进人才专项住房的,对其收入不作限制、不予审查;同时放宽在××(市)落户的时间限制,即在××(市)工作落户并签订x年以上工作合同的上述留学人员均可申请。合法取得外国国籍并来××(市)创业或从事科研、教育、管理的高层次留学人员凭《××市留学回国人员工作证》购买商品房,向房管部门办理产权证。

四、关于子女就学问题。持有《××市留学回国人员工作证》的留学人员,其子女就学按照市教育局、人事局、侨办、台办联合下发的《关于在××(市)留学回国等人员子女入(转)××市区中小学有关事项的通知》(x教高中[2008]24号)规定办理。市教育局每年要向社会公布具有接受外国学生资格的中小学校名单。

五、关于家属落户问题。持有《××市留学回国人员工作证》的留学人员,其家属落户按照国内有关引进人才家属落户的规定办理:

(一)家属户口随迁。博士研究生在办理本人户口进××(市)的同时,可随迁本人父母、配偶及未成年子女户口;硕士研究生在办理本人户口进××(市)的同时,可随迁本人配偶及未成年子女户口;本科学历人员在××(市)已落实工作单位并办理社会保险的,可随迁本人配偶及未成年子女户口。以上学历的留学人员在××(市)已落实工作单位并办理社会保险,来××(市)后身边无子女的,在办理本人户口进××(市)的同时可随迁一名未婚成年子女户口。上述人员凭《××市留学回国人员工作证》及相关学历认证,到公安机关办理相关落户手续。

（二）家属户口投靠。留学回国人员本人已于××（市）落户的，其家属子女的户口按有关科技人员亲属投靠户口规定办理，即持有《××市留学回国人员工作证》的博士研究生、硕士研究生，可以申请其外地配偶、未成年子女户口投靠迁××（市）。上述人员凭《××市留学回国人员工作证》及相关学历认证，到公安机关办理相关落户手续。省属在××（市）单位留学人员，参照此意见执行。

六、关于重点扶持政策问题。对海外高层次留学人才和留学人员创业团队以自有专利、专有技术、科研成果来××（市）进行转化、创办企业的，按"一事一策"原则给予重点扶持。具体由市人事局会同市科技局、财政局和项目落户的区政府，组织专家对其项目进行评估，重点项目资助额最高可达100万元，优秀项目资助额最高可达50万元，启动项目资助额最高可达20万元。特别突出的项目资助额上不封顶，报市政府专题研究后给予特别资助。资助资金由市、区各承担50%，市承担部分从市留学人员创业资助资金和市重大科技创新专项中列支。××、××区及五县（市）自行组织评审的辖区内项目，资助资金由市财政按区、县（市）财政实际资助额的25%给予配套。

××市政府
二○××年×月×日

范例 3 指示性批复

关于政府行政部门工作查档问题的批复

××市房地产档案馆：

你馆×房档[2006]第9号《关于政府行政部门工作查档问题的请示》已收到，现批复如下：

一、房产档案属于专业档案，专业性强且涉及公民财产隐私，目前仍属于未完全开放的档案，查询办法可按建设部、省建设厅《关于印发〈房屋权属登记信息查询暂行办法〉的通知》即建住房[2006]244号和×建房[2006]85号文的要求执行。

二、不属于建住房[2006]244号和x建房[2006]85号文规定查询范围的单位或个人(包括政府行政部门),需查询房产档案都应严格遵循国家有关档案管理的规定,对尚未向社会开放的档案,查询时允许查询与本单位或个人产权有关的房产档案,不允许要求筛查与本单位或个人无关的房产档案。查档时还应按规定缴交相关费用。

此复

xx市档案局

二〇xx年x月x日

第四节 意见

撰写要领

一、意见的概念

意见,是上级机关或主管部门针对当前即将进行的主要工作和亟待解决的重大问题,提出原则性的要求和具体的处理办法,并直接发至下级机关或转发到有关部门遵照执行的一种公文。

二、意见的适用范围

根据《国家行政机关公文处理办法》规定:意见"适用于对重要问题提出见解和处理办法"。"意见"被列为正式的公文文种,始于 2000 年 8 月 24 日发布、2001 年 1 月 1 日起施行的《国家行政机关公文处理办法》。此前,"意见"一般被作为规章制度的一种列入事务文书。

"意见"既可用于向上行文,又可用于向下行文,既有报请性又有指导性。意见作为上行文,类似于请示,可向上级汇报提出对某个重要问题的见解和处理意见,如上级机关认可,可批复下发贯彻执行,但适用范围没有请示广泛,只限于对重要问题提出见解和处理办法。意见作为下行公文,类似于指示,可对下级机关布置工作,明确处理问题的办法。但指示只提出原则和要求,具有方向性,而意见提出具体的处理办法,具有可操作性。意见的使用主要有三种情况:

第一,对重要事项提出指导性的见解。

第二,对一个阶段的工作提出原则性要求。

第三,对带有全局性的问题提出处理办法和政策性措施。

三、意见的特点

(一)具有实施性

意见是上级机关对重大问题所持的观点、见解、看法、态度,应贯彻党的路线、方针、政策,有较强的实施性。

(二)具有指导性

意见作为正式公文,要求下级结合实际、遵照贯彻执行,因此它的最大特点是政策指导性较强。意见既要符合党的路线、方针、政策,又要结合具体实际情况,理论和实际相结合。意见正确、办法具体,才能发挥指导工作的作用。

(三)具有针对性

意见的制发往往针对工作中亟须解决的问题或必须克服的倾向,因此其提出问题必须及时,提出的见解、办法必须对症下药,并具有可操作性。

(四)具有明确性

不管何种意见都要非常明确,不能含糊其辞。意见表述要严谨周全,不能有歧义,使人产生误解。

(五)具有可操作性

意见中提出的办法,应有法可依、有据可查、界限清楚,并且具有较强的可操作性。要求处置与办理的事项,必须遵照执行,不能模棱两可。

四、意见的写作格式

(一)标题。通常有两种形式构成:

1.发文机关+事由+文种;

2.事由+文种。

(二)主送机关。主送机关已标注在批转通知中,不再标注主送机关。如属直接下发的意见,要标注主送机关。

(三)开头。主要写出发布意见的背景、根据、目的、意义等,但无须面面俱到。文字根据具体情况可长可短,最后以"现提出以下意见"、"特制定本实施意见"等过渡性语句转入下文。

(四)主体。要把对重要问题的见解或处理办法一一写明。如果是规划性意见,内容繁多,可列出小标题作为各大层次的标志,小标题下再分条表述;如果是内容较单纯集中的工作意见,主体部分直接列条即可,不必再设小标题。

(五)结尾。篇幅较长的意见通常以提出号召、希望、督查要求为结尾。局部性意见大多没有专设的结尾,而是自然结束正文。

(六)落款。直发性意见,一般都在文后署名和标注成文日期。转发性意见,通常不在文后落款,而将发文机关名称置于标题之下。

五、意见的写作要求

(一)见解要明确。意见要能反映有关机关或部门对问题的看法和认识,主张做什么,不主张做什么,要清清楚楚,一目了然。

(二)办法要具体。意见一般要写明解决问题、处理工作的要求和措施,各项要求和措施都应写得实实在在,条分缕析,并且要切实可行。

经典范文

范例1 直发性意见

××省人民政府关于做好增收节支工作的意见

×政发[××××]×号

受国际金融危机的影响,我省经济遭遇改革开放以来前所未有的困难和挑战。面对国际经济环境出现的不少新情况、新问题,面对国内重大自然灾害和经济运行中的一些突出矛盾,中央及时调整宏观经济政策,相继出台了一系列保持经济平稳较快发展的政策措施。但是,由于宏观经济政策效应具有一定的滞后性,我省经济下行趋势可能会持续一段时间,加上增值税转型和出口退税政策调整等因素影响,全省财政收入增长将明显放缓,而财政支出呈刚性态势,支出规模居高不下,今后一个时期我省财税经济运行将面临较大的压力。为保持经济平稳较快发展和社会和谐稳定,现就进一步做好全省增收节支工作提出如下意见。

一、优化税收征管服务,增强地方财政实力

各地、各部门要按照《××省人民政府关于完善省对市县财政体制的通知》(×政发[2008]54号)的要求,深化省对市县财政体制改革。认真贯彻落实《××省人民政府关于进一步加快发展服务业的实施意见》(×政发[2008]55号),充分发挥财政的导向和杠杆作用,大力发展服务业,加大工业企业主辅分离力度,推进产业结构调整和经济转型升级,以经济结构优化带动税收收入结构优化,增强地方财政实力。积极推进税收管理创新,进一步优化税收征管服务,发挥税收政策资源的最大效应。加强税收征管,提高科学化、专业化和精细化水平,促进依法治税。强化税收分析预测,坚持定性与定量分析结合,短期和长期分析并重,科学预测税源变化趋势,认真研究经济、征管、政策等因素对税收收入的影响,及时做好组织收入的应对预案,保持税收收入持续稳定增长。完善政府非税收入征收范围和征收渠道,推行社会保险费"五费合征"征缴管理,确保财税收入均衡入库、持续增长和结构优化,增强财政调控能力。

二、大力压缩一般性开支,确保重点支出需要

各地、各部门要厉行节约,勤俭办事,进一步压缩一般性财政支出,把财政资源更多地用于提供公共服务和保障民生,用于抗灾救灾和灾后恢复重建,用于促进经济社会协调可持续发展。进一步加大财政支出结构调整力度,严格控制行政开支,减少会议、接待、差旅和公车使用等日常支出,压缩出国团组,降低行政成本。加强行政事业单位国有资产管理,严格控制公车购置,暂停审批党政机关办公楼项目。强化预算控制,年内原则上不再追加部门和单位的支出预算。各级党政机关今年的公用经费支出一律比预算减少5%,用于支持抗震救灾;承担对口支援任务的地方,要按照省委、省政府的统一部署,积极筹措资金支持灾区恢复重建。

三、密切关注财政经济运行,全面完成2008年预算

各地、各部门要密切关注宏观经济形势发展变化,认真分析年度财政预算执行中出现的新情况、新问题,跟踪房地产税收调控政策、出口退税和加工贸易

税收政策调整等实施效果,特别要关注影响财政收支的不确定因素,分析财政收入增减变化的原因,及早预测全年财政收支情况。完成年度财政预算收入任务有困难的地区,要相应压缩预算支出,确保当年预算收支平衡。预计有超收收入的地区,要认真分析超收原因,不得将超常规、一次性等因素增加的收入用于安排经常性支出。当年预算执行中如有超收,除按法律、法规和财政体制规定增加的有关支出,以及用于支持抗灾救灾和灾后恢复重建等必要的支出外,原则上作为财政结余转入下一年使用。

四、牢固树立勤俭意识,科学合理安排2009年预算

各地、各部门要以科学发展观为指导,及早准备,科学合理地做好2009年财政预算编制工作。2009年预算编制必须遵循"量入为出、量力而行、收支平衡"的原则,适当下调预算收支指标,使财政预算安排与经济运行更加吻合。严格控制行政成本,2009年预算安排实行公用经费"零增长",专项经费"零增长",会议费、接待费、公务用车购置及用车费、出国费等"零增长"。同时,除中央和省委、省政府确定的增支项目外,各地、各部门不得新开口子,集中财力保障民生、拉动内需、促进经济增长。

深化"收入一个笼子、预算一个盘子、支出一个口子"的财政管理体制改革,进一步加强预算管理,改革和完善事业单位财政供给方式,推进政府购买服务,建立健全预算定额和支出标准体系,切实提高预算编制的科学性、规范性和完整性。整合财政专项资金,清理结转结余资金,加强财政资金的监督管理和绩效评价,切实提高财政资金使用效益。

各地、各部门要站在全局和战略的高度,坚决贯彻落实中央宏观调控政策和省委、省政府的决策部署,坚持"依法治税、为民理财、务实创新、廉洁高效"的财税工作理念,加强领导,精心组织,统筹协调,着力抓好增收节支各项工作,确保财政预算任务的圆满完成。

二○xx年x月x日

范例 2 　建议性意见

××市农业委员会关于发展我市观光旅游农业的意见

××市人民政府：

　　随着我市农业产业结构调整步伐的加快和人民生活水平的不断提高,发展观光旅游农业已成为农村经济新的增长点。为科学有效地开发利用农业资源,促进农村经济发展,现就发展我市观光旅游农业的有关问题,提出如下意见。

　　一、指导思想、任务目标与原则

　　(一)指导思想:以党的十五大和十五届五中全会精神为指导,以农业资源综合开发利用和保护为基础。以提高经济和社会效益为中心,逐步把观光旅游农业培育成具有一定生机和活力的新兴产业,促进农村经济全面发展。

　　(二)任务目标:力争经过5~10年的努力,在旅游景区周围、交通干线两侧和主要农副产品生产基地,构筑起点、线、面相结合的全市观光旅游农业新格局;建立起一批不同特色、不同层次和规模,具有观光、休闲、体验和科普等多功能的观光旅游农业基地;通过发展观光旅游农业,进一步优化农村经济结构,增加农民收入,加快农村城镇化发展步伐。

　　(三)遵循原则:

　　1.注重实效、循序渐进的原则。观光旅游农业是经济和社会发展到一定阶段的产物。各县(市)区要抓住机遇,因势利导,坚持速度、规模和效益的统一。近期,优先开发生产基地有规模、资源环境好和交通便利的观光旅游项目,积累经验,逐步展开。

　　2.全面规划、突出特色的原则。各地要从实际出发,制定科学的发展观光旅游农业规划。要适应回归自然和观光休闲的心理,注重文化品位,突出地方特色,体现乡土风情,展示农业高科技成果。

　　3.遵循市场机制开发建设的原则。发展观光旅游农业,项目建设、资金投入和经营管理要按照市场经济的要求,鼓励多种经济成分参与开发建设。

4.开发与保护相结合的原则。发展观光旅游农业要正确处理资源开发和环境保护的关系,防止滥占耕地。加强环境保护,实现观光旅游农业与农村经济的协调发展。

二、区域布局与重点项目

全市发展观光旅游农业,按照由近及远,功能配套,点线面连接,依托农业资源,结合旅游景区建设的构思布局。

近期抓好以下重点项目:(略)

三、几项政策措施

(一)观光旅游农业享受农业税收的有关政策。利用"四荒"资源兴建的项目,执行"四荒"开发的相关政策。

(二)加大对观光旅游农业建设项目的投入。观光旅游农业是农业发展和农民增收的新增长点。市、县(市)区要作为扶持的重点,分别列出专项资金,用于项目基础设施的扶持投入或贷款贴息,各级计委、农业、林业、水利、交通、供电、电信等部门,要根据职责分工,对市里规划建设的重点给予积极支持。

(三)搞好观光旅游农业的服务设施建设。景区建设是观光旅游农业的基础,必须高起点、高品位规划,高标准、高质量建设,并与农田水利、农村小城镇、旅游景区、农业科技园区以及农业结构调整结合起来。根据项目进展情况,适时开辟观光旅游专线,为市民出游提供方便。加强导游人员的业务培训,搞好餐饮、娱乐和住宿等服务业的配套项目建设,并尽快开发观光农业产品、生态旅游商品,不断丰富观光旅游农业的内涵。

以上意见如无不当,请批转各县(市)、区及市各部门执行。

××市农业委员会
二〇××年×月×日

范例 3 指导性意见

关于 20xx 年全乡干部教育培训工作的安排意见

根据县委文件精神,现就进一步落实大规模培训干部、提高干部素质的任务,对 20xx 年我乡干部培训工作作出如下安排意见。

一、指导思想

20xx 年全乡干部培训工作的指导思想为:深入学习贯彻党的十七大精神。以科学发展观为统领,以制度建设为保证,以改革创新为动力,围绕干部素质和能力建设,突出重点,统筹兼顾,着力增强干部教育培训工作的针对性和实效性,大规模培训干部,大幅度提高干部素质,为全乡经济又好又快发展提供思想政治保证和人才智力支持。

二、加强领导,强化管理

(一)大力提升对培训工作的重视程度。各村党支部、乡属各单位要把干部的教育培训作为一项重要工作来抓,积极配合省市县乡有关部门组织的培训活动,动员鼓励和支持干部参加培训,提高个人素质和技能。正确处理培训与工作的关系,为大规模培训干部提供支撑。

(二)切实加强对培训工作的管理力度。严格培训制度,切实做到年初有申报、培训有安排、办班有总结,加强教学、参训、考核等方面的管理,将举办培训的情况、参加培训的情况纳入年终考核,从制度上保证培训工作的顺利开展。

三、创新方式,丰富内容

(一)要不断创新培训的方式方法,切实提高教育培训的实效性。继续探索和完善课堂集中培训、专题辅导讲座、基地现场教学、组织专题研讨、赴外考察学习"五位一体"的干部教育培训模式,鼓励全乡干部报考自学考试,增强业务水平和指导实践的能力。

(二)要不断丰富培训内容,充分调动起干部学习的兴趣和积极性。要转变以往干部在学习培训当中的被动消极心态,通过培训内容的丰富、更新和联系实际,引导广大干部进行自行单独学习,培养干部学习的自觉性。在内容上要把理论学习和实际工作充分结合起来,使广大干部对党的理论成果认识更加深刻,把握更加全面,运用更加灵活。

(三)要在培训中突出能力培训。对党政领导干部培训要重点突出提高科学判断形势、驾驭市场经济、应对复杂局面、依法行政和总揽全局的能力。对各站所的技术人员要重点突出新理论、新技能、新方法的培训,努力提高科学素养和创新能力;对村组干部、包村干部要注重提高执行政策、加快发展、服务群众、依法办事和解决自身问题的能力,引导广大干部把理论上的创新与实践操作有效紧密地结合起来。

中共××县××乡委员会
二○××年×月×日

范例4 规划性意见

国土资源部关于做好第二次全国土地调查工作的若干意见
国土资发[××××]×号

各省、自治区、直辖市国土资源厅(国土环境资源厅、国土资源局、国土资源和房屋管理局、规划和国土资源管理局),生产建设兵团国土资源局:

第二次全国土地调查是国务院部署的重大国情国力调查,是加强土地管理和调控的一项重要基础工作。自2007年7月1日全面部署启动以来,各地认真组织,扎实推进,调查工作总体进展顺利,但还存在工作进展不平衡、少数地区调查工作进展滞后、对上报土地调查数据有顾虑等问题。上述问题不解决,将直接影响下一步工作的进度和质量。为按时、保质完成第二次全国土地调查工作,现提出如下意见:

一、采取综合措施,整体推进工作

各地要按照第二次土地调查总体方案和实施方案的总体要求,认真总结2008年工作,以按照时限、全面完成、保证质量为重点,制定2009年具体工作计划和安排。要针对工作中的薄弱环节,采取综合措施,突出重点,整体推动工作。部建立动态通报制度,根据各地确定的工作时限,定期通报地方外业调查、数据库建设、成果核查等各项工作完成情况。对工作进度缓慢的地区,部将进行重点督导和检查。

对于地方在土地调查中遇到的重大问题,应及时上报。部将组织力量,及时进行实地会商解决。对于经通报和督导后,整改措施不到位、组织不力、工作进度仍然滞后的,部领导约谈省(区、市)国土资源管理部门主要负责人;对约谈后改进仍不明显的,国家土地总督察约谈该省(区、市)第二次土地调查领导小组组长。

二、统筹协调,按要求分步骤完成任务

《国务院关于开展第二次全国土地调查的通知》(国发[2006]38号)对第二次全国土地调查目标任务作出了明确规定。各地在全面推进第二次土地调查的基础上,统筹协调,重点抓好农村土地调查、基本农田调查以及城镇各类专项用地面积统计,保证部2009年底前汇总全国土地利用数据。按时向国务院上报汇总结果。对城镇内部土地调查,各地要按照统一部署,分步实施,有计划地推进。

三、明确政策,据实上报土地调查数据

各地要严格执行土地利用分类标准,依据土地利用现状进行地类认定。对使用耕地开垦费实施土地整理复垦开发增加、已经在耕种且没有用于占补平衡的耕地,必须依法作为耕地如实调查统计,可以按照耕地指标储备管理的要求,用于今后的耕地占补平衡。第二次土地调查结果显示耕地增加或减少较多的省(区、市),部在确定省级耕地保护目标时,不增加或减少耕地保有量、基本农田保护面积、建设用地总规模等指标数量。国家向各省(区、市)下拨新增建设用地有偿使用费数额,依照经部确认的该省(区、市)第二次土地调查耕地数据计算。

四、主动服务,加强土地调查成果应用

各地要按照"边调查、边应用"原则,主动服务,及时将经审核确认的第二次土地调查成果,应用到国土资源管理各项工作中。各地要将新一轮土地利用总体规划修编和第二次土地调查工作统筹考虑,提高修编工作的科学性。县(市)

级土地利用总体规划修编,要以经国家确定的第二次土地调查成果及政策为依据,校核规划修编基数。省(区、市)报批省级土地利用总体规划时,要承诺该省份确保完成第二次土地调查各项任务的时限。

2010年1月1日起,土地管理各项工作必须以第二次土地调查结果及政策为依据。各级建设用地报批、土地整理复垦开发项目立项等工作,必须以国家确认的第二次土地调查成果及政策为基础依据。

五、严肃法纪,坚决纠正和查处在土地调查工作中的弄虚作假行为

各地要按照《土地调查条例》要求,对本行政区域的土地调查成果质量负起责任。要加强对土地调查的日常检查,对耕地等要进行重点检查、核查。对于发现的土地调查成果质量问题,要坚决予以整改和纠正。

各地要严肃土地调查法纪,及时查处非法干预土地调查工作、篡改和瞒报土地调查结果的行为。根据违法情节,提请纪检、监察部门予以严肃处理,直至追究有关人员的法律责任。确保土地调查数据真实、准确。

中华人民共和国国土资源部
二〇xx年x月x日

最新适用版

第 2 章
知照类公文写作

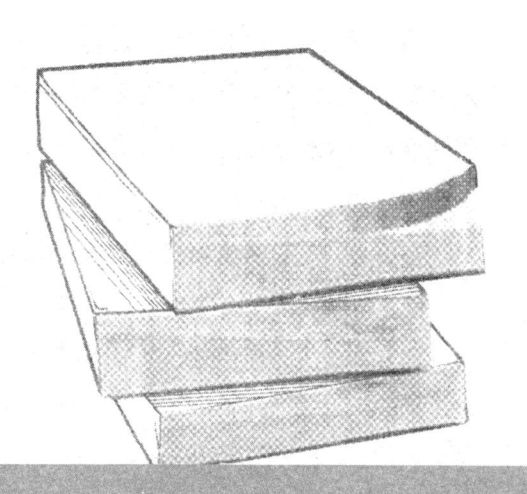

第一节　通知

撰写要领

一、通知的概述

通知适用于公布社会各有关方面应当遵守或者周知的事项,是现代公文中应用最广、使用频率最高的文种。

二、通知的特点

通知,多属下行公文,主要是用于传达上级机关指示,要求下级机关办理,需要周知、共同执行的事项,转发下级机关或转送同级机关、无隶属关系机关的公文,适应范围极广。

三、通知的写作格式

通知一般由标题、主送机关、正文、落款和日期构成。

(一)标题

通知标题一般由发文机关名称、事由和文种三部分组成。有的还要根据具体情况写明"告知通知"、"任免通知"、"知照性通知"……非正式文件处理的一般性通知,标题可直接标出文种。

(二)主送机关

在标题下、正文前顶格写受文的单位或个人。

(三)正文

通知正文包括通知缘由、通知事项、通知要求三部分。

(四)落款和日期

在正文右下方写上发文机关名称和发文日期。

一般来说,通知是下行文,不能向上级机关、同级机关和不相隶属机关发通知。但在实际工作中,有时通知的事项不仅需要自己的下级单位知道,同时也需要同级机关或不相隶属机关了解,这种情况下通知可送交上级机关和其他单位,而不必向它们另发通知。

通知是一种简洁明确的公文,决不能用写私函的格式来写通知。

经典范文

范例 1 告知性通知

国务院关于更改新华通讯社香港分社、澳门分社名称问题的通知

国函[2000]5号

香港、澳门特别行政区政府:

鉴于中央人民政府已经对香港、澳门恢复行使主权,为更好地贯彻"一国两制"、"港人治港"、"澳人治澳"、高度自治的方针和《中华人民共和国香港特别行政区基本法》、《中华人民共和国澳门特别行政区基本法》(以下均简称基本法),支持特别行政区政府依照基本法施政,保障中央人民政府驻香港、澳门的工作机构按照授权履行职责,1999年12月28日,国务院第24次常务会议决定:自2000年1月18日起,新华通讯社香港分社、新华通讯社澳门分社,分别更名为中央人民政府驻香港特别行政区联络办公室和中央人民政府驻澳门特别行政区联络办公室,其职责为:

一、联系外交部驻香港特别行政区特派员公署、外交部驻澳门特别行政区

特派员公署和中国人民解放军驻香港部队、中国人民解放军驻澳门部队。

二、联系并协助内地有关部门管理在香港、澳门的中资机构。

三、促进香港、澳门与内地之间的经济、教育、科学、文化、体育等领域的交流与合作。联系香港、澳门社会各界人士，增进内地与香港、澳门之间交往。反映香港、澳门居民对内地的意见。

四、处理有关涉台事务。

五、承办中央人民政府交办的其他事项。

中央人民政府驻香港、澳门特别行政区联络办公室及其人员，将严格遵守基本法和当地的法律，依法履行职责。特别行政区政府在处理与联络办公室职责有关的事务时，可与其联系。

新华通讯社香港分社和新华通讯社澳门分社更名后，中央人民政府驻香港特别行政区的机构有：中央人民政府驻香港特别行政区联络办公室，外交部驻香港特别行政区特派员公署，中国人民解放军驻香港部队；中央人民政府驻澳门特别行政区的机构有：中央人民政府驻澳门特别行政区联络办公室，外交部驻澳门特别行政区特派员公署，中国人民解放军驻澳门部队。请特别行政区政府为上述机构提供履行职责所必需的工作便利和豁免。原新华通讯社香港分社和新华通讯社澳门分社承担的新闻业务，将分别由新华通讯社提请特别行政区政府注册的新华通讯社香港特别行政区分社、新华通讯社澳门特别行政区分社承担，请特别行政区政府为其注册和开展工作提供便利。

特此通知

国务院
二〇〇〇年一月十五日

范例 2　任免性通知

国土资源部关于xxx等N人职务任免的通知

国土资任[xxxx]x号

各省、自治区、直辖市国土资源厅(国土环境资源厅、国土资源局、国土资源和房屋管理局、规划和国土资源管理局),副省级城市国土资源行政主管部门,国家海洋局,国家测绘局,解放军土地管理局,新疆生产建设兵团国土资源局,各派驻地方的国家土地督察局,中国地质调查局及部其他直属单位,部机关各司局:

部党组xxxx年x月x日决定:

xxx任国家土地督察xx局专员(试用期一年);

xxx任国家土地督察xx局巡视员,免去其国土资源部办公厅副主任职务;

xxx任国家土地督察xx局副局长(试用期一年);

xxx任国家土地督察xx局副专员(试用期一年);

xxx任国家土地督察xx局副专员(试用期一年);

(下略)

中华人民共和国国土资源部

二〇xx年x月x日

范例 3　知照性通知

关于做好元旦春节期间全区食品安全工作的通知

各镇人民政府、街道办事处,工业园区,区食药安委各成员单位:

为保证元旦春节两节期间全区人民的饮食安全,维护我区社会和谐稳定的良好局面,根据省、市食安委办的要求和区委、区政府的指示精神,现就做好我区两节期间全区食品安全工作有关事项通知如下:

一、加强领导，落实责任

各地、各部门要切实加强元旦春节期间食品安全工作的领导，进一步强化"地方政府负总责、监管部门各负其责、企业是第一责任人"的责任体系。认真落实监管责任制和责任追究制，确保公众饮食安全。各有关部门要切实履行职责，加强协调，密切配合，形成食品安全工作合力。要严格按照要求，加大检查和查处力度，落实各项食品安全工作措施，进一步规范食品生产经营秩序，提高食品安全水平，确保全区节日期间的食品安全。

二、抓住重点，加强检查

各地、各部门要结合各自实际，重点检查粮、油、肉、蔬菜、水果、奶制品、豆制品、水产品、饮料、酒、儿童食品、热食品、保健食品、地方特色食品等品种，以及农贸市场、商场超市、食品批发市场、中小食品生产加工企业、酒店（饭店）、食堂等。尤其要加大对城郊结合部食品小作坊、小食品店、小餐馆等食品生产经营单位的检查，要强化农村聚餐管理，确保聚餐安全。各级有关部门要结合当前开展的打击违法添加非食用物质和滥用食品添加剂专项整治行动，加强对食品生产加工企业、节日消费量大的食品的监督抽查，严防三无食品、过期变质食品和不合格食品流向市场，及时消除食品安全隐患。

三、加强宣传，做好应急

各地、各部门要采取多种形式，向广大人民群众宣传食品安全知识，增强自我保护意识和保护能力。新闻媒体通过开设专题、专栏等，集中开展食品安全宣传，及时向公众发布食品安全监管信息和消费警示，提醒广大市民注意食品安全。各地、各部门要做好食品安全事故的预防预警和应对突发事件的准备工作，防控重大食品安全事故的发生，做到防患于未然。对突发事件要保持高度敏感性，做到快速反应、果断处置、有效应对，力争在第一时间和第一现场予以控制和处理。一旦发生重大食品安全事故，要按照《重大食品安全事故应急预案》及《操作手册》的规定及时报告和处置。要建立值班制度，落实值班人员，确保群众举报渠道畅通。

××市××区食品药品安全委员会办公室

二〇〇八年十二月三十日

范例 4　事项性通知

国务院办公厅关于向地方各级人民政府发送国务院公报
及有关事项的通知

各省、自治区、直辖市人民政府，国务院各部委、各直属机构：

　　为适应我国建立社会主义市场经济体制的需要，特别是适应我国加入世贸组织新形势的需要，使地方各级人民政府及时、准确地了解、掌握并贯彻落实国务院的行政法规、政策和工作部署，更好地发挥《中华人民共和国国务院公报》（以下简称《国务院公报》）在推动政府系统政务公开和依法行政工作中的作用，自觉接受人民群众的监督，经国务院领导同志批准，自2002年元月份开始，国务院办公厅向地方各级人民政府及城市街道办事处免费发送《国务院公报》。同时，继续向各省、自治区、直辖市县以上党委、人大、政协（新增加）、法院、检察院及各民主党派中央赠送《国务院公报》。为了做好这项工作，现将有关事项通知如下：

　　一、请各省、自治区、直辖市人民政府将本地区各级政府及城市街道办事处，省、市（地）、县（市）三级党委和人大、政协、法院、检察院的邮政编码、具体通信地址、单位名称以书面和计算机软盘两种形式，一并于2001年12月28日前报送国务院办公厅秘书局《国务院公报》编辑室。

　　二、根据《中华人民共和国立法法》的有关规定，在《国务院公报》上刊登的行政法规和行政规章文本为标准文本。凡在《国务院公报》上刊登的各类公文，与正式文件具有同等效力。

　　三、各级邮政部门要认真做好《国务院公报》的发行工作，确保及时、准确地发送到位。

　　四、对免费发送范围以外的各级政府工作部门、社会各行各业、企事业单位，各地区、各部门要继续贯彻执行《国务院办公厅关于做好〈国务院公报〉宣传和订阅工作的通知》（国办发［1999］80号）和《国务院办公厅关于做好2001年度国务院公报发行工作的通知》(国办函(2000)58号)的精神,积极组织他们通过全国各地邮局订阅《国务院公报》。

二○××年×月×日

范例5 颁发性通知

关于颁发林业危险性有害生物名单的通知

检防函[2003]14号

各省、自治区、直辖市林业(农林)厅(局)、龙江森工集团公司:

　　为进一步加强对危险性森林病、虫、杂草的管理,防止有害生物传播蔓延,根据《植物检疫条例实施细则》(林业部分)的有关规定,经过广泛征求意见和专家评估论证,我办制订了"林业危险性有害生物名单"(见附件),现予颁发。今后,省际间调运林木种子、苗木和其他繁殖材料,必须认真执行《植物检疫条例》的有关要求,实行"检疫要求书"制度。检疫要求应根据森林植物检疫对象、补充检疫对象和危险性有害生物疫情数据的分布资料提出。"检疫要求书"应使用森林植物检疫管理信息系统软件,并采用计算机打印。我办将及时补充发布新的林业危险性有害生物疫情数据。

　　附件:林业危险性有害生物名单(236种)(略)

国家林业局防止外来林业有害生物入侵管理办公室

二○○三年四月七日

关于印发××经济技术开发区奥运期间安全生产事故和
突发事件应急救援预案的通知

各有关部门、单位,××大学城管委会,各生产经营单位:

  为切实提高奥运期间安全生产事故以及突发事件的应急处置能力,及时有效地实施应急救援工作,最大限度地减少事故灾难造成的人员伤亡、财产损失和社会影响,现将《××经济技术开发区奥运期间安全生产事故和突发事件应急救援预案》印发给你们,请认真组织实施。

××经济技术开发区管理委员会
二〇××年×月×日

范例 6 批示性通知

关于同意普通中专卫校开设二年制
高中起点护理等中专专业的通知
××省教育厅×××发[2006]5号

各市卫生局、教育局,各普通中专卫校:

  近期,我省部分中专卫校向省卫生厅、省教育厅申请开设二年制护理、助产、康复技术等医学相关类高中中专专业。根据教育部及我省大力发展职业教育的有关规定和要求,经请示卫生部同意,决定省内凡已开设中专层次护理、助产、康复技术、药剂、口腔医学技术等专业,且有一届及以上毕业生的普通中专卫校可招收应届高中毕业生,开设高中起点二年及以上学制的上述医学技术和相关类中专专业。

  各市要根据社会需求和学校培养能力,合理确定高中中专卫生类专业招生计划,并将其纳入当地和学校普通中专招生总体计划,同时要切实加强招生和教学管理，确保人才培养规格和质量。

××省卫生厅办公室

××省××卫生学校招生就业办公室

二○××年×月×日

范例⑦ 紧急通知

××市粮食局关于加强防汛工作的紧急通知

各区县粮食局、局直各单位：

  据中央气象台和××市气象台联合预报，受南方热带低气压的影响，预计明、后两天××市将有一次强降雨过程，降雨量可达200毫米以上，并伴有8级大风，局部有冰雹。按照市委、市政府有关通知精神，为加强全市粮食系统防汛工作，现将有关事宜通知如下：

  一、要高度重视。一是领导要高度重视。各区县负责人、各单位主要领导要充分认识做好本次防汛工作的重要性，加强对本次防汛工作的领导，确保安全度汛。二是要制定好防汛工作预案。各单位要根据自身工作实际制定本单位防汛工作的预案，落实工作措施，做好防汛准备。市粮食局的防汛工作预案由局办公室负责制定。三是要建立统一协调的领导机制。市粮食局建立由局长为组长，各单位负责人为副组长以及有关人员参加的防汛工作领导小组（名单附后），领导小组设在市粮食局办公室。由市粮食局办公室统一做好防汛期间的协调调度工作（联系人：×××，联系电话：×××××××）。

  二、要采取有力措施。一是要认真做好隐患排查。各单位要认真将本单位防汛工作隐患排查一遍，各仓储企业要彻底排查各个粮仓安全情况，做好预防大风和降雨的有关准备工作，做到预防为主，防患于未然。二是要落实防汛工作相关保障。各单位都要成立防汛工作队伍，确保防汛期间的通信畅通，落实好防汛车辆安排，做好充足的防汛物资储备。三是要做好应急抢险准备。各单位要做好出现险情后的应急抢险准备工作,出现险情后立即组织抢险,并迅速上报有关情况,确保将损失降到最低限度。

三、要落实责任。一是要建立防汛工作责任网络。各单位务必于6月23日12时以前上报本单位防汛工作预案,落实好责任人员,建立防汛工作责任网络体系。二是各单位要层层传达防汛工作通知精神。要通过各种形式,将防汛工作通知精神传达给每个干部职工,统一大家对防汛工作重要性的认识,将防汛工作责任落实到人。三是建立责任追究制度。对在本次防汛工作中因个人问题而造成人员伤亡和财产损失的,要追究有关人员责任。对于出现事故隐瞒不报的,要按照有关规定追究个人和单位的责任。

附:××市粮食局防汛工作领导小组名单(略)

二○××年×月×日

第二节 通告

撰写要领

一、通告的概述

通告,是社会各有关方面用来公布应当遵守或周知的事项时使用的一种公文文种。

通告,是行政公文的主要文种之一。

二、通告的适用范围

根据《国家行政机关公文处理办法》规定:通告适用于公布社会有关方面应当遵守或周知的事项。

通告通常用于发布就某一件事项作出的规定,写入通告的事项要求人民群众或有关人员普遍了解或遵照执行。

三、通告的特点

通告是在一定范围内公布应当遵守或周知的事项所使用的一种公文。这种文章,除了在公共场所张贴之外,还经常利用报纸、广播、电视等手段作公开宣传。其特点有:

(一)法规性。

(二)政策性。

(三)广泛性。

(四)使用的普遍性。

四、通告的写作格式

（一）通告的标题,样式较多

国家行政机关以及比较大的单位一般都冠以发布单位,并体现出内容,这样的标题使人一看便知通告的内容。有的标题只有发布单位,而不体现内容;还有的则只写"通告"两字的情况也比较常见。

（二）通告的落款,与标题有关系

标题有发布单位的,后面则无落款;标题没有发布单位的,落款应注明发布单位。发布通告的时间,写在标题之后、内容之前,也可写在落款的后面。

（三）通告的正文,一般包括通告的缘由、通告事项、执行通告事项的要求等内容。

经典范文

范例1 事项性通告

××市人民政府关于规范市中心城区
市场税费征管的通告

根据《中华人民共和国税收征收管理法》及相关法律法规的规定,为进一步规范市中心城区市场税费征管秩序,现将有关事项通告如下:

一、规范目的:依法缴纳税费,公平税费负担,建立良好的税费收缴秩序,强化市场管理,保护合法经营,规范税费征收,促进市场健康发展。

二、时间安排:××××年×月×日至×月×日进行全面动员和调查摸底;××××年×月×日至×月×日集中时间开展规范工作。

三、规范范围：市中心城区各类市场。

四、规范内容：市中心城区各类市场税费征管，包括依法办理营业执照、税务登记等相关证照，依法、及时缴纳税费；清理不符合法律法规的优惠政策；规范收费项目和标准。

五、规范方式：由市人民政府统一领导指挥，xx区人民政府、xx经济开发区管委会、xx风景区管委会组织，市、区财政、国税、地税、工商、公安、卫生等职能部门具体实施，实行税费分离，联合执法。

（一）税收管理：依据《xx市人民政府办公室转发市国税局市地税局（关于加强集贸市场税收征管的意见）的通知》（x政办发[2005]1号）精神，由国税、地税部门统一办理税务登记，统一核定税基，实行联合定税，分别入库，每季度将市场经营户的纳税情况予以公示，公示期不少于30天。

（二）收费管理：各相关职能部门规定的收费在市中心城区市场统一实行"一费制"，严禁乱收费。

六、在规范市中心城区市场税费征管工作中，各相关职能部门工作人员要文明执法。市中心城区各类市场经营户要密切配合，自觉缴纳税费。对违法、违规拒缴税费的，要依法依规严肃查处。

七、各相关职能部门要简化程序，实行"首问负责、一窗办结、限时办结"等便民措施。为市中心城区广大市场经营户提供文明、方便、快捷的服务。

xx市人民政府
二○xx年x月x日

范例2　周知性通告

关于公开招考财务总监的通告

xx县财务总监管理中心，为全额拨款事业单位，现因工作需要，面向全市公开招考财务总监4名，其中男性3名，女性1名。招考计划数和报名人数的比例不足1:3的,按比例核减招考计划。

一、招考条件、范围、对象

(一)坚持四项基本原则,热爱本职工作,遵纪守法,廉洁奉公,原则性强,具有良好的职业道德和敬业精神,社会信誉和工作业绩良好;具有财会专业知识和现代企业管理知识,熟悉国家财经法律、法规和制度,有较高的政策水平和较强的组织协调能力。

(二)身体健康,年龄为40周岁以下(xxxx年1月1日后出生),本市户籍人员。

(三)具有大专以上学历和会计或审计中级以上专业技术任职资格,并符合下述条件之一:

1.担任过企业总会计师、财务会计机构负责人1年以上;

2.具有财经类研究生毕业学历,并从事企业管理或财务会计管理工作2年以上;

3.从事会计或审计工作3年以上。

(四)对于符合上述条件并具有注册会计师、高级会计师资格的可免笔试直接进入面试。

二、招考办法

按照公开、平等、竞争、择优的原则,采取公开报名、统一考试、严格考核、择优录用的方式进行。

(一)报名

1.报名时间:二〇xx年x月x日。

2.报名地点:县财政局国资料。

3.报名材料:本人身份证、户籍证明、职称证书、学历证书、注册会计师全科合格证书的原件及复印件、工作经历证明以及近期免冠一寸照片2张。

4.经资格审查合格者发给准考证。

(二)考试

1.笔试:笔试内容为专业知识(考试范围:财务会计、国有资产管理、基本建设、经济法规等相关知识),满分100分。笔试成绩不计入总成绩,仅作为进入面试资格的依据。具体笔试时间、地点见准考证。

2.面试：参加笔试人员按笔试成绩从高分到低分取男性前6名，女性前2名进入面试；具有注册会计师、高级会计师资格人员直接进入面试。面试成绩满分100分。面试时间、地点另定。

（三）体检、考核、录用。面试后，按面试成绩从高分到低分按1:1.5比例确定体检对象。体检标准参照《××省国家公务员录用体检标准》，体检合格者组织全面考察后从高分到低分择优录用。

（四）本通告未尽事宜，由××县财政局负责解释(咨询电话：略)。

××县人事劳动和社会保障局
××县财政局
二○××年××月××日

范例3 法规性通告

关于加强奥运会期间受理公民和组织举报
危害国家安全可疑情况的通告

《中华人民共和国国家安全法》及其实施细则明确规定：中华人民共和国公民有维护国家的安全、荣誉和利益的义务。公民发现危害国家安全的行为，应当直接或者通过所在组织及时向国家安全机关或者公安机关报告。

为了确保北京奥运会安全成功举办，公民和组织如发现干扰破坏北京奥运会、危害国家安全和社会政治稳定等可疑情况，请及时拨打举报电话：×××××××。

国家安全机关对作出重大贡献的公民和组织将给予奖励。

××市安全局
二○××年×月×日

范例 4　公布性通告

驾培学校通告××区信息办

根据公安部、交通部、农业部《关于印发机动车驾驶员队伍整顿工作实施方案的通知》(公通字[2004]50号)精神,我局按照《机动车驾驶员培训业户开业条件》(JT/T433—2000)的要求,对我区机动车驾驶员培训业户进行审核。现将经审核合格的机动车驾驶员培训业户予以公布,希望学习机动车驾驶者,到下列符合资格的培训业户报名学习。

经审核合格的机动车驾驶员培训业户名单:

一类机动车驾驶员培训业户:

1.××市××区技工学校机动车驾驶员培训部;

2.××市××区××汽车驾驶员培训中心;

3.××市××区北供销社汽车维修培训中心。

二类机动车驾驶员培训业户:

1.××市××区××汽车队机动车培训部;

2.××市××区××机动车驾驶员培训中心。

三类机动车驾驶员培训业户:

××市××区××机动车驾驶员培训有限公司。

特此通告

××市××区交通局
二○××年×月×日

第三节 通报

撰写要领

一、通报的概述

通报是行政机关和社会团体把工作情况、经验教训、典型事例以及具有典范、指导、教育、警戒意义的事件通知所属下级单位的公文文种。

二、通报的适用范围

通报适用于表彰先进、批评错误、传达重要精神或者交流重要情况。

三、通报的特点

(一)告知性

通报的内容,常常是把现实生活当中一些正反面的典型或某些带倾向性的重要问题告诉人们,让人们知晓、了解。

(二)教育性

通报的目的,不仅仅是让人们知晓内容,它主要的任务是让人们知晓内容之后,从中接受先进思想的教育,或警戒错误,引起注意,接受教训。这就是通报的教育性。这一目的,不是靠指示和命令方式来达到,而是靠正、反面典型的带动,真切的希望和感人的号召力量,使人真正从思想上确立正确的认识,知道应该这样做,而不应该那样做。

(三)政策性

政策性并不是通报独具的特点,其他公文也同样具有这一特点。可是,作为通报,尤其是对表扬性通报和批评性通报来说,在这方面显得特别强一些。因为通报中的决定(即处理意见),直接涉及具体单位、个人,或事情的处理;同时,此后也会牵涉到其他单位、部门效仿执行的问题。决定正确与否,影响颇大。因此,必须讲究政策依据,体现党的政策。

四、通报的写作格式

(一)标题

有规范的完整标题,也有不完整的、由事由加文种的标题,如《关于纠正省政府机关建房分房中不正之风的情况通报》。有时也可以只写"通报"二字。

(二)主送单位

一般通报都有主送单位,少数普发性通报可以不写此项。

(三)正文

一般由四部分组成:

一是引言部分,主要是概括通报的内容、性质、作用和要求。

二是事实部分,表扬性通报写先进事迹;批评性通报写错误事实。写作时应注意的问题是:既要把主要事实写清楚,又要写得概括精练。

三是分析及处理部分。对先进事迹的先进性或错误事实的本质,进行恰如其分的分析,有的还写出先进事迹或犯错误的原因,并且提出处理意见;表扬性通报写出给予精神或物质奖励的决定;批评性通报写出处分决定。

四是号召或要求部分。根据通报的精神要求如何去做,或者号召为实现什么目标而奋斗。

(四)结尾

此处写发文单位和日期。如果发文单位在标题前已加上去,此处可以只写日期。

下发或张贴的通报要加盖公章。

经典范文

范例1 表彰性通报

××市人民政府关于表彰计划生育先进集体和先进工作者的通报

各县(市、区)人民政府,市属各部门:

"九五"计划期间,我市各级党委、政府和有关部门高度重视计划生育工作,认真贯彻省计划生育条例,切实加强对计划生育工作的领导,全面完成了省下达的"九五"人口计划和各项计划生育指标任务。20××年度,全市人口出生率降到5‰,平均生育率为0.87,低于全国、全省水平。这是全市各级干部、计划生育工作者和全市人民共同努力的结果。为了进一步推动我市计划生育工作的深入开展,市人民政府决定授予××县等35个单位"全市计划生育先进集体"光荣称号,授予×××等45位同志"全市计划生育先进工作者"光荣称号。希望受到表彰的单位和个人,要戒骄戒躁,继续努力,为我市计划生育工作向深层次、高质量发展作出新的贡献。20××年,是"十五"计划的第一年,各级政府和广大干部要全面贯彻落实好党的十五届四中全会精神,继续把计划生育工作放在更加重要的地位,坚持不懈地抓下去,切实加强领导,坚持按《条例》规定依法管理,大力加强基层基础工作,力争我市"十五"期间人口出生率控制在5‰以内,为本世纪末实现我市人口控制在400万以下的目标而努力奋斗。

附:××市计划生育先进集体、先进工作者名单。(略)

××市人民政府(盖章)

一九××年×月×日

范例 2　情况性通报

××省卫生厅关于"××奶粉"事件的情况通报

"××牌婴幼儿配方奶粉"重大安全事故发生后，我厅高度重视，按照卫生部、省政府的有关要求，先后下发7个文件，采取紧急措施，对患儿积极进行筛查、诊断和医疗救治，开展专项检查，控制事态扩大，减少危害损失。

一、基本情况

（一）患儿情况

截至9月15日12时，我省因食用含三聚氰胺奶粉患泌尿系统结石的患儿共报告105例，住院治疗19例。其中××市10例，××市88例，××市2例，××市4例，××市1例。目前，除住院的19例外，其余患儿均为肾脏超声检测出有结石存在，但无临床症状。

（二）婴幼儿奶粉专项检查情况

截至9月15日16:00时，全省各级卫生行政部门共检查5812个单位，依法登记封存2008年8月6日前生产的××牌婴幼儿配方奶粉53585.24公斤，查清来源57153.54公斤，查清去向29422.27公斤，监督企业召回10366.01公斤，配合有关部门检查婴幼儿配方奶粉生产企业4个，检查原料乳生产和售奶站443个。

二、采取的主要措施

（一）及时组织医疗救治

1. 成立了由××省儿童医院、××医科大学第一医院、××省人民医院儿科及超声科专家组成的××省卫生厅婴幼儿泌尿系统结石诊疗专家组，负责指导婴幼儿泌尿系统结石的诊疗和重症患儿的救治。

2. 迅速组织各医疗机构接诊患儿。转发了卫生部关于印发《与食用受污染××牌婴幼儿配方奶粉相关的婴幼儿泌尿系统结石诊疗方案》和《食用含三聚氰胺奶粉婴幼儿泌尿系统结石超声检查流程》等文件。基层医疗机构积极开展××牌婴幼儿配方奶粉患儿筛查工作，由二级以上综合医院、市级妇幼保健院和儿童医院进一步检查、诊断、治疗和报告。确定全省二级以上综合医院、儿童医院和市级妇幼保健院作为收治患儿的定点医院，省儿童医院作为重症患儿的定点医院。医疗机构对患儿实行免费治疗。

3.要求医疗机构和医务人员加强食用含三聚氰胺奶粉婴幼儿泌尿系统结石《宣传要点》的宣传工作，确保患儿停用含三聚氰胺的××牌婴幼儿配方奶粉，消除家长不必要的疑虑，维护社会稳定。

(二)迅速开展卫生监督

1.组织了婴幼儿奶粉安全专项检查。根据卫生部、国家食品药品监督管理局《关于加强婴幼儿奶粉安全监督管理的紧急通知》(部委号卫发明电[2008]113号)的要求，9月13日，我厅下发了《××省卫生厅关于开展婴幼儿奶粉安全检查的通知》(×卫监督[2008]66号)，本着对人民群众高度负责的精神，组织全省各级卫生行政部门开展了市售婴幼儿奶粉、婴幼儿配方奶粉生产企业、原料乳生产和售奶站等检查。

2.依法封存污染奶粉。对检查发现的2008年8月6日前生产的××牌婴幼儿配方奶粉，依法登记封存。责令其停止销售，追查其来源和去向，并监督企业尽快将污染奶粉全部召回。

3.配合有关部门做好检查婴幼儿配方奶粉、原料乳生产企业和售奶站以及流通环节的安全专项检查工作。

三、下一步工作打算

(一)组织省卫生厅专家组与卫生部专家一起，深入到基层，加强对基层医疗机构和基层医务人员开展相关患儿筛查、诊疗工作的培训和指导，确保基层相关患儿能够得到方便、及时、有效的诊疗。

(二)加强与有关部门信息沟通，密切配合，各负其责，做好检查婴幼儿配方奶粉、原料乳生产企业和售奶站以及流通环节的安全专项检查工作。

(三)实施信息日报和零报告制度。省卫生厅及各级卫生行政部门设立24小时应急值班，由专人负责患儿诊疗和婴幼儿奶粉安全专项检查等信息统计上报工作。要求各市卫生局和医疗机构发现重要情况迅速上报并及时处置。

××省卫生厅

二○××年×月×日

范例③ 事故性通报

国务院办公厅关于xx省xx市xx县"x·x"
特大爆炸事故情况的通报

各省、自治区、直辖市人民政府，国务院各部委、各直属机构：

今年x月x日，xx省xx市xx县xx乡xx村xx炮厂发生特大爆竹爆炸事故（以下简称"x·x"事故），死亡x人，其中在校中小学生x人，未在校的未成年人x人；受伤x人。这是一起重大责任事故。为认真吸取事故教训，进一步加强安全生产工作，防止同类事故的发生，现将"x·x"事故情况通报如下：

一、事故的直接起因和深层次原因

xx省xx市xx县xx炮厂是不具备安全生产条件的企业，该企业违反国家有关法律、法规和花炮用药标准，未建立安全生产责任制，未对从业人员进行安全教育和培训，违章指挥，以及工人违章操作是造成这起重大事故的直接原因。

xx市及xx县政府对安全生产工作领导不力，对社会主义市场经济条件下烟花爆竹行业出现的新情况，未能及时结合实际制定有效的安全生产管理办法，有关职能部门监督管理工作严重失职，使事故隐患严重的xx炮厂得以长期违章生产，是造成这起重大事故的重要原因。如xx县公安局明知xx炮厂存在重大事故隐患，仍为其发放了x张《爆炸物品运输证》；xx县工商行政管理局违反规定，在xx炮厂未领取爆炸物品安全生产许可证的情况下，对其营业执照进行了年审；xx县花炮局和乡镇企业管理局管理松弛，未能履行行业管理职责；xx县xx乡党委、政府疏于管理，虽然对xx炮厂进行了安全检查，但对事故隐患的整改工作未落到实处；xx乡xx村党支部、村委会对xx炮厂存在的事故隐患视而不见、放任自流等等。

二、对有关责任人员的处理情况

对事故直接责任人、xx炮厂法人代表xxx和非法订立产品购销合同的xx花炮厂负责人xx等4人移交司法机关，依法追究刑事责任；对负有领导责任的xx

市副市长×××、×××，××县县委副书记、县长×××和××县政府党组成员、副县长×××，以及有关行政管理部门的责任人员等28人分别给予行政记过、行政记大过、撤职、降职和党内警告、开除党籍等处分。

三、认真吸取教训，进一步加强安全生产工作

各地区、各部门要认真学习、贯彻落实国家领导人对安全生产工作的重要批示，认真吸取"×·×"事故教训，不能允许只要有钱赚、就可以危及人民生命安全的现象存在。要以对国家和人民高度负责的精神，切实加强安全生产工作。

（一）充分认识安全生产工作的重要性。从讲政治、促发展、保稳定的高度，处理好安全与生产、安全与效益、安全与发展的关系，时刻把党和人民群众的利益放在首位，把安全生产工作摆上各级领导的重要议事日程，切实保护劳动者的生命安全。

（二）完善和落实各项安全生产责任制。要建立健全安全生产规章制度，并通过组织落实和制度落实来保证工作落实。特别是在地方政府机构改革和企业改革、改组、改制过程中，要层层明确安全生产责任人，安全监督管理工作不能断档。

（三）加大事故隐患整改工作力度，防止重大事故的发生。对重点行业、重点部位要加强安全生产监督检查，加大事故隐患治理的力度，制定切实可行的整改计划，并认真做好落实工作。

（四）大力开展安全生产宣传教育工作，积极宣传安全生产法律、法规和方针政策，普及安全生产知识，引导广大职工依法安全生产。要高度重视和切实加强中小学生的安全教育，努力提高其安全自我保护意识和防范事故的能力。

（五）依法行政，严肃事故处理工作。对事故处理工作要做到：事故原因没有查清不放过，事故责任者没有严肃处理不放过，广大职工没有受到教育不放过，防范措施没有落实不放过。

国务院办公厅

二〇××年×月×日

范例④ 批评性通报

××县人民政府关于对 2007 年畜禽养殖小区
建设落后乡镇进行批评的通报
上政文[2008]21 号

各乡、镇人民政府，县政府各部门：

2007 年，我县紧紧抓住国家和省、市出台一系列优惠政策，扶持畜牧业发展的历史机遇，强力推进畜禽养殖小区建设，县政府《关于进一步加快畜牧业发展的意见》(上政文[2007]80 号)明确要求，各乡镇每年至少建成一个标准化养殖小区，重点乡镇建成 2 个以上，以此促进畜牧业发展上规模、上水平。一部分乡镇对此项工作高度重视，真抓实干，全县 2007 年新建各类畜禽养殖小区 25 个，实现了畜牧业发展的新突破。

但也有一部分乡镇对畜禽养殖小区建设认识不足，重视不够，措施不力，致使该项工作被动落后，没有完成既定的任务。特别是华陂、朱里、东岸、崇礼、杨集、党店、塔桥、洙湖、邵店、杨屯、芦岗、东洪 12 个乡镇没有建成一个标准化养殖小区。为此，经县政府研究，特对上述乡镇提出批评。

希望受到批评的乡镇要认真反思，查找问题，吸取教训。在 2008 年的畜牧工作中，要以实施"双百工程"(即建成标准化养殖小区总数达到 100 个，新建规模养殖场 100 个)为契机，狠抓标准化养殖小区建设，努力完成目标任务，为我县争创全省生猪调出大县和畜牧大县作出应有的贡献。同时希望其他乡镇和单位，要以受到批评的乡镇为戒，对县政府部署的各项工作任务，都要采取切实有效的措施，认真抓好落实，努力推动各项工作再上新台阶，确保实现县委提出的"三年跨入全市先进行列"的目标。

××县人民政府办公室
二○××年×月×日

第四节 公告

撰写要领

一、公告的概述

公告,是向国内外宣布重要事项或法定事项时使用的一种公文,属于公开宣布的告晓性公文。

二、公告的适用范围

《国家行政机关公文处理办法》规定:公告适用于向国内外宣布重要事项或法定事项。

三、公告的特点

(一)发布的公开性。内容都是公开的,发布的目的是要让大家知道或遵守。与通告的差异在于发布的范围不相同,公告涉及范围广,通常通过新闻媒体向全世界发布,通告的范围小,可通过新闻媒体发布,也可只在一定范围内张贴公布。

(二)事项的重要性。公告和通告是代表政府或一定的机构发布的,其内容涉及较多群众,因而必须是重要的事情才可以使用公告、通告的形式发布。一般公告公布的,都是比较重大的事情;通告公布的,则次于公告。

(三)操作的严肃性。公告由国家各级政权机构发布,涉及地方法规的,必须由省级以上人民代表大会发布,一般机关团体不得随意发布公告。公告和通告均内容重要而涉及面广,因而操作时必须严肃,要严格按章办事。

四、公告的写作格式

公告的结构。包括标题、正文、签署和日期四部分。

(一)标题

公告的标题,主要有三种形式:一是"发文机关+文种"的形式,如"全国人民代表大会公告"、"××银行公告";二是"事由+文种"的形式,如"××银行关于××的公告"。如对同一事情需要连续公告,要在标题之下。用圆括号依次编制文号。再一种是只写公文文种"公告"二字,而将发文机关的名称置于正文之后。

(二)正文

写作这部分内容时,要开门见山、直陈其事,写清什么时间、什么地点,将要进行或发生什么重大事件,由谁作出什么重大决定等内容。公告内容单一、篇幅不长,一般采取"篇段合一"式写法,即由公告的依据和公告事项两部分组成。最后以"现予公告"、"特此公告"等惯用语结尾,也可不写。

(三)签署

即在正文之下写上发布公告机关名称的全称,公告标题系发文机关名称加文种的,也可不写公告发文机关名称。若以个人名义发布,在姓名前要冠以职务名称。

(四)日期

公告的年月日一般标在签署下一行。

经典范文

范例 1 行政公告

××市地方税务局关于征收 2010 年度个人机动车车船税的通告

京地税地[2009]321 号

根据《中华人民共和国车船税暂行条例》、《中华人民共和国车船税暂行条例实施细则》、《××市施行〈中华人民共和国车船税暂行条例〉办法》及《××市地方税务局××市财政局关于车船税申报纳税期限与纳税地点的通知》(×地税地[2007]333号)的规定,现将 2010 年度征收个人机动车辆车船税有关事项通告如下:

一、纳税义务人

在本市行政区域内,依法应当在车船管理部门登记的车辆所有人为车船税的纳税义务人。

二、申报纳税期限与纳税地点

(一)凡办理机动车交通事故责任强制保险(以下简称交强险)的应税车辆,纳税人应在办理交强险时,由保险机构代收代缴车船税;纳税人也可以在办理交强险之前到地税机关设置的个人机动车车船税征收窗口申报缴纳税款。

(二)其他应税车辆,纳税人应在 2010 年 12 月 31 日(含)前到地税机关设置的个人机动车车船税征收窗口申报缴纳车船税。

(三)个人购置的新车辆,纳税人应在车船管理部门核发机动车行驶证记载登记日期的 30 日内,到地方税务机关设置的征收窗口申报缴纳车船税。

三、办理申报纳税手续需携带的证明材料

（一）纳税人办理申报纳税手续时，需携带机动车行驶证及上年度车船税完税凭证（或含已缴纳车船税信息的交强险保单）。其中，载客汽车排气量在1.0升（含）以下的纳税人还需提供车辆登记证书。

（二）购置新车辆的纳税人办理纳税申报手续时，需携带机动车行驶证及车辆登记证书。

（三）车辆所有权发生变更的纳税人，需携带机动车行驶证、车辆登记证书及所有权变更年度完税凭证，到地方税务机关设置的征收窗口办理信息变更后再行申报纳税。

四、完税凭证的开具

纳税人通过保险机构代收代缴方式缴纳车船税的，可凭交强险保单中的完税信息作为纳税人本年度已缴纳车船税的证明。如纳税人需要开具完税证明，可以在缴纳税款的15日后，持保单到地税机关征收窗口开具《中华人民共和国税收转账专用完税证》。

五、申报缴纳税额标准

车船税税额标准按照《××市车船税税目税额表》执行。

特此通告

××市地方税务局

二〇××年×月××日

范例2　法规公告

××市人民代表大会常务委员会公告

第62号

《××市志愿服务促进条例》已由××市第十二届人民代表大会常务委员会第三十八次会议于20××年×月×日通过,现予公布,自20××年×月×日起施行。

××市第十二届人民代表大会常务委员会

二〇××年×月×日

范例3　强制性公告

关于对部分农机产品实施强制性产品认证的公告

根据《中华人民共和国产品质量法》《中华人民共和国标准化法》《中华人民共和国进出口商品检验法》《中华人民共和国认证认可条例》和《强制性产品认证管理规定》,现决定对部分农机产品实施强制性产品认证(目录见附件)。

自20××年×月×日起,凡列入本强制性产品认证目录内的农机产品,未获得强制性产品认证证书和未加施中国强制性认证标志,不得出厂、销售、进口或在其他经营活动中使用。自20××年×月×日起,委托人可以向指定认证机构提出认证产品的认证委托。

特此公告

附件:农机产品强制性认证目录及对应 HS 编码(略)

国家认证认可监督管理委员会

二〇××年×月×日

最新适用版

第 3 章

报请类公文写作

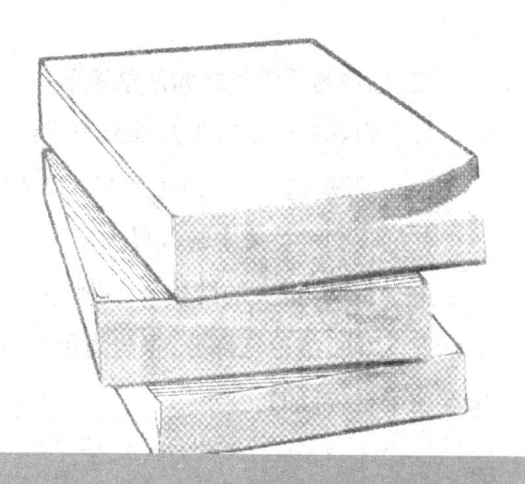

第一节 报告

撰写要领

一、报告的概述

报告,是向上级机关汇报工作、反映情况、提出意见或者建议,答复上级机关的询问的公文,属于上行公文。

二、报告的特点

报告特点如下:

(一)应用广泛,不仅党政军机关可以使用,社会团体、企事业单位也可以使用。

(二)具有汇报性,它以反映情况为主,使下情上达,以便于上级机关参考和决策,文尾常以"特此报告"、"如有不妥,请指正"等惯用语作结。

(三)具有单向性,报告是下级向上级的汇报,一般不要求批复,属于单向行文。

三、报告的写作格式和注意事项

报告内容一般由以下几部分组成:

(一)标题。包括发文单位、事由和文种名称组成。

(二)收文机关或主管领导人。

(三)正文。正文的结构与一般公文相同。从内容方面看,报告情况的,应该有情况、说明、结论三部分;报告意见的,应该有依据、说明、设想三部分。报告正文要明确报告目的。

（四）结尾。可展望、预测，亦可省略，但结语不能省，要有发文机关（印章）、日期。

经典范文

范例1 工作报告

××市环保局开展精神文明建设活动情况报告

为进一步加强我局的精神文明建设，推动环境保护事业持续、健康、快速发展，更好地为全市经济建设服务，我们在市委的正确领导下，以"三个代表"重要思想为指导，按照科学发展观的要求，借开展保持共产党员先进性教育的东风，内抓管理、外树形象，全局精神文明建设取得比较显著的成效，现将情况报告如下：

一、加强思想教育，不断提高认识

为了做好精神文明建设工作，局领导班子多次召开会议，从思想认识、工作力度等方面进行了认真研究、安排部署。我们认识到，做好精神文明建设工作，不仅是加强精神文明建设的需要，更是促进环境保护事业科学发展的保证，是时代赋予我们的光荣任务。我们明确提出：要把精神文明建设作为一项重要工作来抓，从依法行政，提高服务质量，端正服务态度，规范办事程序入手，加强思想道德建设，树立良好的职业道德，培养一支政治强、业务精、作风硬、纪律严的环保队伍。

通过开展精神文明建设工作，实现职工队伍素质的全面提高，促进我局机关作风、工作环境、文化活动得到显著提高。为此，我们首先从组织上进一步加强对精神文明建设工作的领导。成立了以局长为组长的精神文明建设工作领导小组,实行主要领导亲自抓,分管领导具体抓,各科室、中队积极参与,通力协作的良好机制,使我局精神文明建设工作有组织、有领导地开展起来。为了充分调动广大干部职工参加精神文明建设活动的积极性,我们多次召开动员会议,组织干部职工展开讨论,提高了广大干部职工的精神文明建设意识和参与意识,使精神文明建设活动有了扎实的群众基础。

二、狠抓业务学习,塑造高素质环保队伍

我局紧密结合保持共产党员先进性教育活动的开展,坚持政治学习制度,组织全体党员学习邓小平理论,学习党的十六大、十六届四中全会精神及"三个代表"重要思想,努力提高干部职工的思想政治素质,使大家牢固树立世界观、人生观、价值观和共产主义远大理想,增强贯彻执行党的基本路线、方针、政策的自觉性和坚定性。我们组织干部职工参观革命老区,进行革命传统教育,还积极组织大家参加丰富多彩的文体活动,激发大家的爱国主义和集体主义精神。在党建方面,采取多种形式加强党员教育,提高党员素质,发挥党员的先锋模范作用,在精神文明建设活动中积极带头。

我们在狠抓精神文明建设的同时,也没有放松干部职工的业务学习,始终把业务培训、岗位练兵作为提高职工业务素质的重要工作来抓。坚持每周五学习日制度,组织干部职工学习环境保护相关法律法规,学习业务技术,不断更新业务知识,提高业务工作能力。另外,我们有步骤地组织干部职工到xx市委党校接受有关法律法规知识培训,提高干部职工学法、懂法、用法的能力,以适应不断发展的环境保护事业的需要。

2005年5月,局信访法制科全体同志参加了xx市组织的《信访条例》培训学习考试,人均成绩达到90分以上。环保局是一个与广大群众的切身利益息息相关的部门。我们始终以加强职业道德建设为重点,通过深入开展职业道德教育,大力倡导爱岗敬业的精神,努力塑造环保队伍公正严明的执法者形象、文明执法的服务者形象、廉洁高效的奉献者形象。在工作中,我们始终把群众满意不满意作为工作的落脚点,要求干部职工努力实践"三个代表"重要思想,全心全意为人民服务,同时,推行《行政过错责任追究办法》、《优化经济发展环境工作意见》、《内部管理制度》等一系列制度,强化服务意识,端正服务态度,塑造"文明执法、热情服务"的良好形象。在廉政方面,首先局领导自身做表率,坚决做到不搞暗箱操作,不以权谋私,严格执行各项规章制度,同时要求各中队长、科室长在全体人员中树立表率和示范作用。其次,坚持行风廉政教育,防患于未然。通过对反面典型事案例的剖析,观看反腐倡廉录像教育片,抓住行风廉政建设的重点、热点问题,对干部进行廉政教育,做到警钟长鸣。同时,我们通过聘请行风监督员、公布专线举报电话、发放征求意见卡,及时听取社会各界的意见和建议,有力地促进了干部职工工作作风转变,树立了良好环保形象,从根本上杜绝违法违纪现象。

三、搞好基础建设,树立环保文明形象

环保局与广大群众交涉频繁,是展示政府形象的一个重要窗口,树立良好的社会形象,是环保局开展精神文明建设活动的主要内容,也是提升环保部门社会地位,促进环保事业健康发展的迫切要求。根据"内抓管理,外树形象"的总要求,我们在大厅内设置值班台,配备电话、桌椅、纸笔等日常办公用具,在醒目方便的位置设置了意见箱,并将当天值班领导、工作人员名单公布上墙,主动接受群众的监督。同时,加大了美化环境、优良作风、优质服务建设的力度。今年来,经多方筹资,对工作环境和办公条件进行了改善,完成机关水路、电路更新和墙面粉刷工程,更换各科室空调,对检测站办公场所进行全面装修,维修监理站办公地点;对局机关院内进行整修,新修喷泉1个,植大树6棵,以彻底改善职工的办公条件,让职工在一个舒心的环境中干事创业。另外,本局还制定卫生管理制度,加强机关内部卫生管理,机关内外无脏、乱、差现象,清洁卫生,各种卫生设施、文明用语提示牌罗列有序。为树立诚信公正、热情为民的良好形象,局党委积极开展"亮身份、树形象"活动,推行党员挂牌上岗制,并设置"党员先锋模范岗",发挥好党员同志的示范带头作用。

四、开展文体活动,丰富职工精神文化生活

为活跃环保局广大干部职工的思想,调动工作积极性,本局定期不定期地开展一些健康有益的文体活动,丰富职工的精神文化生活。一是利用节假日组织干部职工开展登山、象棋、扑克等文体活动。二是积极组织职工参加xx市举办

的"颂歌献给党"歌咏比赛,荣获三等奖。三是本局积极组织女职工代表××市参加××市九运会广播操比赛,荣获三等奖。四是积极为扶贫挂钩点办实事、办好事。2005年4月,本局为扶贫点××村贫困户送去慰问金2000元及衣物等用品,并决定进一步帮助当地解决群众的吃水问题和村小学的教学条件;2005年5月,本局为××村捐款20000元,协助××村硬化道路,切实帮助贫困地区广大群众早日过上小康的生活。

五、强化精神文明建设,推进环保工作再上新台阶

通过开展一系列精神文明建设活动后,本局干部职工的精神面貌发生了深刻变化,"讲学习、讲政治、讲正气"的风气浓了,爱岗敬业、文明服务、礼貌待人的风气已形成。爱环保事业、无私奉献的精神正逐步发扬,职工文明程度明显提高,做文明职工蔚然成风。通过开展精神文明建设活动,提高了干部职工的综合素质,树立了环保执法队伍的良好形象,有力地推进了环保工作再上新台阶。

本市造纸企业是今年省政府确定的五个重点综合整治区域之一,也是本市今年环保工作的重中之重。按照省政府批准的《××市××造纸企业综合整治方案》,应关闭的50家万吨以下造纸企业已全部关闭到位;其余的98家万吨以上造纸企业和商品浆企业通过兼并重组已压缩到48家,其中年生产规模在10万吨以上的企业有2家,5万吨以上有11家;需建的36个生化工程,已有18个工程完工,进水调试,其余18个未建成生化工程的一律实施停产治理,目前累计治理投资达7000多万元;城市污水处理厂正在加紧建设;双洎河出境水质COD浓度上半年稳定控制在市定标准以内,综合整治工作取得阶段性成果。

列入年底前关闭的73家耐材企业和1家水泥厂,我们分两批实施关闭,定于6月底前第一批关闭的37家耐材企业已全部按标准落实到位;定于10月底前第二批关闭的36家,目前已有8家提前关闭;应关闭的1家水泥厂已经关闭到位。下半年关闭任务还剩28家。废弃放射源安全收贮工作是省、市今年上半年重点工作,也是政府一项年度考核目标,本市有废弃放射源18枚,属于较多县市。本局固废及辐射管理中心干部职工深入企业积极协调,讲解收贮的目的和意义。通过努力提前完成此项工作,得到××市环保局的通报表扬。另外,在"三夏"期间,本局加大宣传力度,严格督查,全市基本实现"不烧一把火,不冒一股烟"的目标,秸秆禁烧工作取得了很大成效,受到××市的表扬。

回顾上半年本局精神文明建设工作,成绩固然令人鼓舞,但我们也清醒地认识到工作中还存在诸多不足,精神文明建设工作任重而道远。今后,我们将以保持共产党员先进性教育活动为契机,一如既往,开拓创新,狠抓系统精神文明建设工作,为实现"打造工业强市,建设生态××,和谐××"而努力奋斗。

二○××年×月×日

范例② 答复报告

关于市政协委员对提案答复的意见报告

××市政府各行政主管部门:

今年下半年,我们陆陆续续接到市政府各行政主管部门就今年政协委员提案答复的通知。我们参加了一些提案答复会,所到之处,感触颇多,有的答复令委员们感到满意,也有的提案答复令委员们感到很不满意。今年,我们参加各部门答复委员会议,印象最深的就是有一些单位非常认真地对待委员们的提案,如××市工商局、××市农业局、××市卫生监督局、××市司法局等单位,现报告如下:

一、对答复满意的一些特点

(一)虚心听取委员们的意见。有的提案主办单位把提案人和联名人请到单位,向委员们答复提案办理情况,然后再听取委员们的意见。就委员们提出的意见和建议,他们下去后又进行了整改,一段时间后,再把委员们请来,就整改情况,再听取委员们的意见。他们的工作态度和工作热情着实令委员们感动,如××市工商局就做得很不错。

(二)一对一地答复委员提案。在下半年的提案答复活动中,我们看到有些单位认真地把提案分发到各科室(或二级单位),由分管领导负责,就委员提出的问题认真进行着整改,认真答复,几乎做到一对一,即就一个提案,专门请来提案人和联名人,听取委员们的意见。例如,××市农业局就做得很不错。

(三)以文件的形式答复提案人。有的单位就委员们提案中所反映的问题,把它以文件的形式下发到各所各分局和二级单位,认真整改,认真执行。如就××委员的提案"关于提高对美容业监管力度的建议",××市工商局就以文件"××市工商局关于开展美容服务业专项整治行动的通知"的形式下发到所属各单位,并认真执行。

二、对答复不满意的一些特点

(一)答复函只几句话,半页纸。有的单位通过邮局向提案人送达提案答复,打开一看,答复就几句话,半页纸,不过还好,在下面还留有他们办公室的一个联系电话。试想,这样的答复怎么叫委员们感到满意呢!

(二)有形式,没内容。有的单位答复,答复函很长,是一篇优美的文章,可他们函中所述,与委员们在社会上看到的和群众反映的问题相去甚远。即说得头头是道,就是没有去做,没有去整改,提案中所反映的问题,社会上依然普遍存在。提案答复不是论文比赛,委员们要的是效果,而不是形式。

(三)见面会上见不到分管领导,一般人员接待。有的单位请委员们去见面,答复提案,可去后发现,分管领导没参加,负责接待的要么是科长,要么是科员。可委员们提出的意见这些人又做不了主,为此双方都感到尴尬。见面时间是提案办理单位约定的,他们的分管领导却不参加,这就怪了。

(四)踢皮球现象依然存在。有的提案涉及几个单位和部门。提案办理单位答复委员,说这事不归我们管,也管不了,提案应该由他们(另一个行政主管单位)去办理。面对这样的答复,委员们既头痛,又左右为难。头痛的是提案会由此打水漂,为难的是,打不满意吧,他们又有点委屈,毕竟提案不是他们一家能办理好的。

(五)叫穷的多。最令委员们头痛的就是一些提案办理单位叫穷。如就市民反映一些执法单位个别人员"做业务"的现象,他们就诉苦,说工作人员工资不到位,这些人工作不安心;再就是,他们说没这么多资金去解决委员们提案中所反映的问题。说来说去,就是一个"钱"字。但我们到市财政局了解情况,该局说他们的工资都到位了。这样就搞得委员们很困惑,不知如何是好。

三、我们的一点想法和建议

（一）提案答复，请给委员一点时间。有的单位是提案办理大户，他们干脆用半天时间一起答复委员。可等办理单位把各提案答复念完，时间却不早了，都快下班了，委员们还有很多想法，可没时间说了。我们希望这些提案办理单位，最好把提案分期分批答复委员，不能"一锅粥一起熬"。

（二）希望提案办理单位分管领导能参加答复会。有的单位又有很多二级单位。本来提案涉及几个二级单位，可答复的只是一个二级单位，提案中反映的问题，他们一家又处理不了。因此，我们希望提案办理单位有分管领导参加最好，能协调各二级单位办理提案。

还有的单位对提案答复，只有科长和科员参加，就委员们的质询，他们又做不了主和回答不了。我们认为，提案答复，至少应有一名分管领导参加为好。

×××
××××年×月×日

范例 3 情况报告

××县 20××年干部教育培训工作情况报告

××县组织部：

近年来，××县干部教育培训工作在上级组织部门的业务指导和县委的具体安排部署下，以提高干部队伍整体素质为重点。全面贯彻落实中央、自治区和地区关于干部教育培训工作的指示精神，按照大培训、大教育和干部教育培训规划的要求，结合认真学习贯彻党的十六大精神和兴起"三个代表"重要思想新高潮活动，切实加大培训力度，完善培训措施，较好地完成了年度干部教育培训任务。现将有关情况报告如下：

一、主要做法

（一）加强组织领导，制定培训规划。根据中央、自治区、地区三级组织工作会议关于"大规模培训干部"的要求，为切实加强对干部教育培训工作的领导，

县委根据人事变动，及时调整充实了以分管党务的副书记为组长的干部教育培训工作领导小组，建立了县委领导亲自抓、分管领导配合抓，组织部门具体抓的干部教育培训责任网络。县委高度重视干部教育培训工作。定期召开专题会议，研究和部署干部教育培训工作。县委组织部作为干部教育培训的责任单位，结合新时期干部队伍实际，制定了《××县"十五"干部培训规划》和《××县20××至20××年度乡村干部素质工程规划》，落实了干部教育内容，明确了干部培训重点，完善了有关教育培训工作的制度和措施。县委组织部把干部教育培训工作作为政治文明建设考核的一项重要内容，每年进行两次考核，同时在县委的高度重视下，一次性投入近××万元，对县委党校教学楼进行了维修、改造，改善了干部教育培训工作的环境和条件，保证全县干部教育培训工作的顺利开展。

（二）周密安排，合理部署，加大农村基层干部培训力度。近年来，我们根据基层干部队伍成长的需要，把对基层干部的教育培训工作逐步纳入干部培训的重点工作来抓，每年把村级党支部书记和村委会主任的培训作为组织部的一项"必培"任务，常抓不懈。近三年来，我们共开办村级干部培训班×期，培训村级党支部书记、村委会主任370余人，举办乡镇副科级以上领导干部培训班×期，培训×余人次。开办乡镇党委书记、政法书记、纪检书记、团委书记、妇联主任、组织干事等岗位培训班××期，培训×余人次。在此基础上，我们还根据新形势下加强乡镇干部"双语"培训的精神，开办了乡科级领导干部和后备干部为期半年的"双语夜校培训班"，培训干部共×人，同时还开办了县直机关企事业单位党支部书记培训班、入党积极分子培训班等班次，曾多次邀请地委党校老师来××县授课，提高了教育培训的质量和水平，较好地完成了年度培训任务。

（三）创新培训形式，拓宽培训渠道，抓好干部区外培训和异地挂职培训工作。近年来，我们在培训方式、培训班次等方面逐步探索，逐步创新。

1.从今年3月份开始，我们根据当前村级干部后继乏人的突出问题，拿出近×万元培训经费，开办了为期一年的村级后备干部学历培训班，将脱产培训和函授自学有机地结合起来。培训村级后备干部×人，初步缓解了村级组织选人难的突出问题。

2.紧紧抓住对口援助××县的有利时机，通过双方协议，××县分别于20××年×

月、20xx年x月和20xx年x月先后选派三批干部到xx市进行为期两个月的挂职锻炼,每期x人,共x人,前两批干部已完成挂职锻炼。通过选派干部区外挂职培训,既开阔了干部视野,增长了知识,也增进了新疆与内地的交流与合作,实现了人才培训和经济合作上的双赢。

3.认真抓好到区外调训和异地挂职培训工作。近年来,先后完成x名干部赴xx进行党政、经管、教育、卫生、农业等专业知识培训。同时还选派干部赴xx学院进行培训,进一步拓宽了培训渠道,增强了培训效果,在此基础上。我们还认真抓好异地挂职培训工作。每年按照自治区党委和地委的安排部署,认真做好挂职干部的选拔和培训工作,全面落实干部挂职前集中培训任务,先后选派六批干部共x人赴xx挂职锻炼。目前已走上领导工作岗位的有xx人,有力地促进了少数民族干部队伍整体素质的提高。

(四)完善培训措施,确保培训任务的落实。近年来,我们结合干部培训工作的实际情况,先后制定和完善了干部教育培训暂行规定、干部调训制度、干部培训考试考核制度、乡镇干部"双语"培训目标考核制度等,使干部教育培训工作逐步走上科学化、制度化的轨道。同时,将干部培训与考核使用有机地结合起来,形成了相互制约、相互促进的干部教育管理体系和良好的运行机制。

二、存在的问题

1.由于受财政的影响,大规模培训干部的任务没能得到较好的落实,xx县属边缘贫困县,财政赤字较大,干部教育培训的经费在一定程度上很难落实,干部的一些区外培训和岗位培训任务很难落实。

2.师资队伍严重匮乏。目前仅有1名汉族教师和5名民族教师,能力水平和知识结构已远不能适应当前干部培训工作的需要,很大程度上阻碍了干部教育培训工作。

3.当前受社会主义市场经济的影响,一些干部队伍中存在着重工作轻学习、重经济轻理论的不良倾向,干部队伍更新知识和依法行政的教育培训力度还需加大。

中共xx县委员会
二〇xx年x月x日

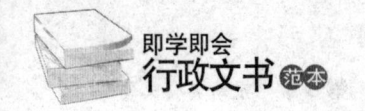

范例 4 调研报告

上海考察——地铁站公共艺术调研报告

导语:2010年世博会在上海举行,这使上海有了更多的艺术氛围、艺术气息。包括地铁站在内,都有了很多变化。

上海地铁站,和所有的地铁站一样,干净、整洁、统一,以冷亮色为主。

拥挤当然是地铁站的特点,特别在几条主要线路上,如1号线、2号线,由于世博原因,8号线的乘车量也快赶上1号线了,人民广场这一站是最重要的转乘点,上下车的人也是最多的。

地铁站的公共艺术,我的理解是在保持地铁站原有功能的基础上进行外观造型上的改变,使它符合这个城市的文化气息,反映城市风貌,具有这个时代这个城市的独特性。

上海市地铁,具有这个城市的感觉——上海抑郁感,那是城市环境带给地铁的感觉,地铁设计简洁、现代,有很多的广告融入其中,偶尔也会有一些公共艺术的渗透,也还有一些站点保持原来的面貌(如3号线、4号线)。

这次调研,考虑的问题如下:

1.地铁站简洁、明亮、冷调,以功能实用为主,反映了这个城市快速极端的生活方式,以求达到实用的目的及便捷性。

2.地铁站有多个中心,与这个城市的发展结构相一致,黄浦区、虹口区、徐汇区、卢湾区、静安区、浦东新区……每个中心区的地铁站内部设计会有略微变化,因为每一个区域的人流量、经济发展程度、重心以及受艺术区影响等各方面因素有些许区别,如世博专线的地铁站,靠近世博的地区,会融入世博元素更多;靠近五角场800、M50创意园、田子坊、雕塑艺术中心、上海美术馆、博物馆等艺术区的地铁站,艺术氛围会浓些。

3.上海市是一个经济金融快速发展的城市,商业气息自然会胜于艺术气息,因此，几乎所有的地铁站都有漫天的广告位置，贴满了广告相关的信息，而这些信息依然是四四方方的霓虹箱。这些都是城市极度现代化、商业化的表现，公共艺术没有广泛发展运用其中。

就这些问题，对本次毕业考察的目的进行简单叙述。

毕业考察上海地铁站是为了为我们的毕业创作——杭州地铁站的设计寻找一些依据及方法。杭州这个城市与上海的特点有所不同，杭州是一个山水城市，中国传统文化底蕴深厚，生活节奏较慢，对于这个城市地铁站，必须符合城市的文化特点，根据杭州城市的实际特点进行设计，将这些有杭州韵味的传统及自然元素运用进去。

调研人：×××

二〇××年×月×日

第二节 请示

撰写要领

一、请示的概述

请示是下级机关向上级机关或业务主管机关请示某项工作中的问题,明确某项政策界限,审核批准某事项时使用的请求性的上行公文。

二、请示的适用范围

急需办某件事,需上级批准后才可办的,要写请示。

工作中发生了比较重大的问题,本机关无权解决,先提出处理意见,请求批示。

对上级颁发的法律、法令、方针、政策、规定和上级指示精神中有不明了、有疑问或不同理解的问题,需要上级机关解释和进一步明确时,要用请示。

上级有明文规定不经请示不允许办的事情而本单位又不能不办,此时要写请示。

上级虽有统一规定,由于本单位情况特殊难以执行,需要灵活掌握或变通处理,此时需要请示。

三、请示的特点

(一)请求性

从行文的目的看,请示带有迫切需要上级机关批示、批准的事项,要求上级机关批复。

(二)单一性

请示一般一文一事,即内容单一,不可将多项内容放在同一个文中请示。

(三)预先性

从行文的时间看,请示必须在事前行文,不允许"先斩后奏"。

(四)定向性

请示是一种上行文,只在向上行文时使用,是请而示之。对不是上级领导机关的业务主管机关或其他不相隶属单位,一般不使用请示文种。

四、请示的写作格式

(一)标题

请示标题大致有两种:一是写明请示事项和文种;二是写明请示机关、请示事项和文种,如《林业部关于审定国家级森林和野生动物类型自然保护区的请示》。标题制作尤其注意事由(请示事项)要写得明确简要,文种不能写成"请示报告"。

(二)正文

正文通常包括三个部分:

1.请示原由。请示开头首先写明请示的原因或理由。有的请示还需要用稍多一点的篇幅来陈述理由,把原因说清楚,特别是请求具体帮助的请示,有些请求核准、审批的请示,原由可以写得很简单甚至不写。

2.请示事项。一项内容有时篇幅不长,但必须注意写得明确、具体。有时请示事项只有一句话,如一份请求拨给会议经费的"请示":"请拨给会议经费3000元。"

3.结束语,通常用套语结束,如例文的"当否,请批示"。常用的请示结束语有"妥否,请批复","以上请示,请予审批","以上请示,请予批准"等。结束语要写得谦和得体,不宜用"请即从速批复"、"请尽快拨款,以救燃眉之急"这类的结束语。

经典范文

范例 1 申批性请示

关于请求批准设置普通中专学校的请示

市政府：

  为提高职业学校的办学效益，提升办学水平，扩大招生规模，我市职教中心和市商业职工中专学校分别于2004年由市政府向省教育厅申请设置普通中专学校：××应用技术学校和××汽车工程学校。××师范学校也于2004年由市教育局向省教育厅申请增挂"××实用艺术学校"的校牌。省教育厅随即组织了专家组来上述三校进行评估审查。

  省教育厅《关于2004年普通中专学校设置的复函》（教秘计[2005]112号）指出，"经审查，申报设立××应用技术学校、××汽车工程学校和××师范学校增挂××实用艺术学校校牌符合省设置规定的条件，鉴于《中共安徽省委、安徽省人民政府关于进一步振兴职业教育的若干意见》（皖发[2004]25号）已明确规定，简化审批程序，今后举办各类中等职业学校由省直辖市人民政府审批。"根据以上意见，恳请市政府批准设置××应用技术学校、××汽车工程学校两所普通中专学校，批准××师范学校增挂××实用艺术学校校牌。三所学校的隶属关系、经费渠道等均不作变动。

  如无不妥，请予批准。

××市教育局
二〇××年×月×日

范例 ② 安排性请示

××市级粮食储备库关于组织部分人员到××进行培训的请示

市粮食局：

　　自20××年开展仓储管理以来，在经历了标准化、规范化等几个阶段以后，我库仓储管理水平明显提高，仓储面貌发生了根本性的变化。但在硬件建设达到一流的同时，存在着软件与硬件建设发展不相配套的问题。为切实提高我库仓储职工的业务技术素质，全面解决软硬件建设不相配套的问题，经库党委研究，我库拟组织选派部分人员到××粮食管理学院进行培训。现将有关事宜请示如下：

　　一、培训人员及费用

　　拟从库全体职工中选拔仓储业务骨干20人参加培训学习。培训费用为1000元／人。

　　二、时间安排

　　培训时间初步定于20××年×月×日至20××年×年×日。

　　三、拟培训内容

　　（一）国内外储粮新技术的应用；

　　（二）储粮害虫防治；

　　（三）储粮四项新技术的应用；

　　（四）粮食物流方面的业务知识；

　　（五）储粮生态系统知识。

　　四、其他相关问题

　　为切实组织好此次培训，我库准备安排库副主任×××同志带队参加培训，全面负责解决培训过程的问题。

　　当否，请批复。

××粮食储备库
二〇××年×月×日

范例③ 批转性请示

关于要求批转《服务创业推进创新的若干意见》的请示

×工商综[20××]×号

××市政府：

  为了贯彻落实市委、市政府"创业服务年"和"创新推进年"工作要求，推动"三个××"战略的深入实施，现就发挥工商行政管理职能，服务创业推进创新提出如下意见：

  一、放宽注册登记限制，降低创业门槛

  1.放宽准入领域限制。按照"非禁即入"的原则，凡可以进入的行业和领域，一律向各类创业主体平等开放，进一步放宽服务领域市场准入。凡法律、行政法规及国务院决定未明确作为企业登记前置审批项目的，可直接向工商行政管理机关申办营业执照。

  2.放宽经营范围限制。对一般经营许可的经营项目，可根据创业者申请，按照国民经济行业分类，自主选择经营项目，开展经营活动。

  3.放宽注册资金限制。除法律、行政法规和依法设立的行政许可另有规定的外，一律降低到3万元人民币；允许用货币、实物、工业产权、著作权、非专利技术、土地使用权、股权等财产及其他可用货币估价的资产依法向公司出资；允许公司非货币出资比例最高达注册资本的70%；允许通过股权出资形式，组建企业集团、股份有限公司；除一人有限责任公司外，公司制企业均可实行注册资本分期到位；对设立个人独资企业、合伙企业、农民专业合作社的，无需再提交验资报告。

  4.放宽经营场所限制。企业、个体户将住宅改变为经营性用房的，在符合国家法律法规的前提下，除从事餐饮、歌舞娱乐、互联网上网服务、生产加工和制造、经营危险化学品等涉及国家安全、存在严重安全隐患、影响人体健康安全、污染环境的生产经营项目外,在征得利害关系邻里的同意,并经社区居(村、业主)委会或相关部门确认后,允许予以登记注册。

二、实施创业优惠政策,减轻创业负担(略)

三、优化政务环境,强化创业服务(略)

四、深化品牌建设,提高企业自主创新能力(略)

五、挖掘市场潜力,推动商品市场持续繁荣(略)

六、推动订单农业规范发展,力促农村特色经济发展(略)

七、加强执法监管,维护创业创新市场秩序(略)

以上意见如无不妥,请批转下发。

××市工商行政管理局

二〇××年×月×日

范例 4　解答性请示

关于《科技园区××××年年鉴》印刷有关问题的请示

××办发[20××]×号

××管委会:

为按计划完成《科技园区××××年年鉴》的编撰工作,办公室拟于近日启动年鉴的设计和印刷工作。现就有关问题请示如下:

1.年鉴概貌

年鉴彩页约 30 个页面,采用 120 克铜版纸;内页约 200 个页面,采用 100 克铜版纸(外观大小和纸质与去年相同,保持其连续性);字号拟采用小四或四号字。具体版式设计样稿后请委领导审定。

2.封面和彩页设计

拟筛选 3~4 家广告设计公司对年鉴封面和彩页进行设计,初选后送委领导审定。为调动设计单位的积极性,拟对采用的设计稿支付 3000 元以下的设计费。对于其他具有一定设计水平但未被采用的设计稿,每件支付不多于1000元的设计费。设计总费用不超过6000元。

3.年鉴制作

年鉴制作单位根据印刷费用招标确定。年鉴设计完成后,由办公室、纪工委、财政局派员组成年鉴制作议标小组,确定3~5家印刷厂商参与竞标(封面和彩页设计单位也可参加,并在同等条件下优先),以印刷费用最低者确定为印刷单位。印刷制作费用由办公室报委领导审定。

妥否,请批示。

(联系人:×××,联系电话:××××××××)

二〇××年×月×日

关于《会计人员职权条例》中"总会计师"是行政职务还是技术职称的请示

财政部:

国务院颁发的《会计人员职权条例》规定,会计人员技术职称分为总会计师、会计师、助理会计师、会计员四种;其中"总会计师"既是行政职务,又作为技术职称。在执行中,工厂总会计师按《条例》规定,负责全工厂的财务会计事宜;可是每个工厂,尤其大工厂,授予总会计师职称的人员有四五人,究竟由哪一位负责全厂的财务会计事宜,行使总会计师的职责与权限呢?我们认为应将行政职务与技术职称分开。总会计师为行政职务,不再作为技术职称。比照最近国务院颁发的《工程技术干部技术职称暂行规定》,应将《条例》第五章规定的会计人员职称中的"总会计师"改为"高级会计师"。

以上认识是否妥当,请迅速指示。

××省财政厅
二〇××年×月×日

第三节　议案

撰写要领

一、议案的概述

议案,适用于各级人民政府按照法律程序向同级人民代表大会或人民代表大会常务委员会提请审议事项。

二、议案的适用范围

根据《国家行政机关公文处理办法》规定:议案适用于各级人民政府按照法律程序向同级人民代表大会或人民代表大会常务委员会提请审议事项。议案有其独具的特色,因而是公文中的重要成员。权力机关、行政机关、其他国家机关,都可以提出议案。

三、议案的特点

议案具有以下这些特点:

(一)行文关系及办理程序的法定性。

(二)行文内容的单一性和可行性。

1.议案内容必须单一,一个议案提请审议一个事项。

2.提交会议审议的事项,必须是成熟的,可以实施的。

四、议案的分类

议案主要分为以下几种:

(一)事项性议案。关于财政预决算、城乡发展规划、重大工程上以及政治、经济、文化、教育、科技、卫生等领域中的重大事项的决策,需要提请人民代表大会审议批准时使用的议案,就属于重大事项的决策性议案。

(二)工作性议案。这类议案主要是以企业和谐与社会稳定为基础,深入研究和及时解决企业职工的工作问题,调动职工的积极性、主动性和创造性为必要前提。

(三)建议性议案。以行政部门的身份向权力部门提出建议,也可以使用议案。这种议案有些像建议报告,供人民代表大会审议、采纳。

五、议案的写作格式

议案,由标题、正文和签署三部分组成。

(一)标题

由提议案人、议案内容、文种三部分组成。

(二)正文

要说明提出议案的理由及具体内容。

(三)议案的签署

提议案人可以是机关,也可以是机关首脑。

撰写议案需要注意三点:

1.提出的问题重要且已具备解决的条件;

2.要注意提出的权限和时限;

3.要注意行文格式和办理程序,议案的办理运作程序和一般公文有所不同,所以议案没有发文号。

经典范文

范例 1　事项性议案

××市人民政府关于组织动员全市人民综合治理开发
建设××河××城市段的议案

××市第×届人大第×次常委会：

　　××河是××省第二大河，流经××规划城市段50公里。长期以来由于种种原因，造成××河××城市段河槽乱采乱挖，河障杂乱繁多，不仅直接影响城市安全防汛，而且严重污染城市环境。

　　为了贯彻国家关于××河综合治理的重大决策，提高城市防洪能力，缓解地表和地下水缺乏的矛盾，促进生态平衡，改善城市功能，适应改革开放和市场经济发展的需要，建设高科技、大生产、大流通、现代化、国际化的××，根据外地经验和近几年的充分准备，组织动员全市人民对××河进行综合治理和开发建设的条件已经成熟。

　　为此，市政府向市×届人大第×次常委会提出此议案，请大会审议并作出相应的决议：

　　一、综合治理的范围。（略）

　　二、综合治理的目标。（略）

　　三、综合治理的主要措施。（略）

××市人民政府市长××
××××年×月×日

范例 2 工作性议案

关于加强我市人民调解工作的议案
（议案转建议第 20040018 号）

2000 年以来，我市各级人民调解组织积极开展各项矛盾纠纷排查和专项治理活动，共调处各类民间纠纷 15000 多宗，制止群体事件 250 多件，为解决社会矛盾纠纷、维护社会稳定和保障我市经济发展作出了应有的贡献。随着改革开放的不断深入和社会主义市场经济的快速发展，社会经济成分、利益关系和分配方式等日益多样化，社会矛盾纠纷呈多发性、多样性、复杂性等特点，有些矛盾纠纷甚至激化为刑事案件和群体性事件，影响了社会稳定。为此，我们建议：

一、各级党委、政府要把人民调解工作纳入重要议事日程，要按照国务院颁布的《人民调解委员会组织条例》和司法部颁布的《人民调解工作若干规定》，切实加强对人民调解工作的领导和支持，全力维护基层社会稳定。

二、各级人民法院和司法行政机关要齐抓共管，加强对人民调解工作的指导。将法院委派人民调解指导员形成制度，提高人民调解组织的社会公信力和调解纠纷的质量。

三、坚持"调防结合、以防为主"的工作方针，构建矛盾纠纷防范控制体系，坚持"抓早、抓小、抓苗头"，严防民间纠纷激化，将纠纷解决在萌芽状态。

四、进一步加强人民调解规范化建设。社区人民调解委员会要有相对固定的工作场所、有衔牌印章、有统计台账、调解文书制作要规范；人民调解要做到组织落实、制度落实、工作落实、报酬落实；社区人民调解委员会规范化建设应当列入社区建设统一规划，房地产开发商、物业管理部门应当为社区人民调解庭的建设预置办公用房。

五、进一步加强政府职能部门参与调解社会矛盾纠纷的责任，将人民调解列入社会治安综合治理工作考核目标，实行"一票否决权"制，积极探索建立人民调解解决社会矛盾纠纷的更为有效的运行机制。

六、将各级人民法院和司法行政机关及街道、社区人民调解工作经费按照司法部、财政部《关于司法业务费开支范围的规定》(司发计字［1985］第384号)、《人民调解委员会组织条例》(国务院37号令)、《人民调解工作若干规定》(司法部第75号令)列入财政预算,尽可能解决人民调解员工作补助问题,努力为人民调解工作创造良好的工作条件和环境。

市司法局、民政局
二〇××年×月×日

范例3 建议性议案

关于加快建设城市公共交通枢纽场站的议案

城市公交是城市重要的公益性基础设施,随着我市经济的繁荣和城镇化进程的加快,与人民群众生活息息相关的公交发展却跟不上城市建设的步伐,满足不了市民的基本出行需求。

一、主要表现:一是乘车拥挤。人民群众出行对公交的依赖性越来越大。据了解,每天平均乘坐公交车出行的人次达25万人左右,雨雪天气、节假日最高达34万人次,有时公交车非常拥挤。二是乘车不便。新区(公务员小区)、开发区(×××花园、××花园、××花园及未来的××花园)、××工业园区、××园区和西部区域及周边村镇人民群众要求开通多方向公交车的呼声越来越高。三是速度不快。公交车运行速度平均10公里/小时,低于规定的20公里/小时。

二、主要原因:一是我市至今没有一座功能齐全的公交枢纽场站(火车站仅为临时枢纽),远远落后于我省其他城市(如××、××、××),在新区、开发区整体规划建设中,没有科学地设置公共交通枢纽场站,使公交发展出现"瓶颈"。二是线网布局不合理。由于缺乏枢纽场站作为基点,公交公司无法科学编制各区域间的公交线路,致使我市公交线路呈火车站向外辐射状,无法形成网络,如新区至

开发区、×××工业园区、××区、西部及大学园区、开发区等多方向线路均难以开发。三是没有枢纽场站,公交车的各项后勤保障无法进行,基本的工作条件不具备。

三、建议:一是加大对公交枢纽场站建设的力度,尽快在新区政府办公大楼(机专新校区西侧)附近、开发区×××花园附近、西干道××立交桥(原税校)附近、××路西段××路口附近、××路××批发市场附近、××花园附近、××生态园附近、××工业园(北环与环宇路口)附近等地科学地筛选出枢纽站的位置,合理确定用地规模,抓紧建设,尽快投入使用。二是公交公司要在枢纽场站建设的基础上,调整完善线网布局,形成科学、合理、规范的线网结构,最大限度地满足市民的出行需求,降低公交运营成本,有效地利用交通资源。三是按照国务院有关规定,切实实施优先发展公交战略,保证公益设施建设资金,使公交枢纽场站早日形成社会效益和经济效益。

××交通局
××××年×月×日

最新适用版

第4章
事务类公文写作

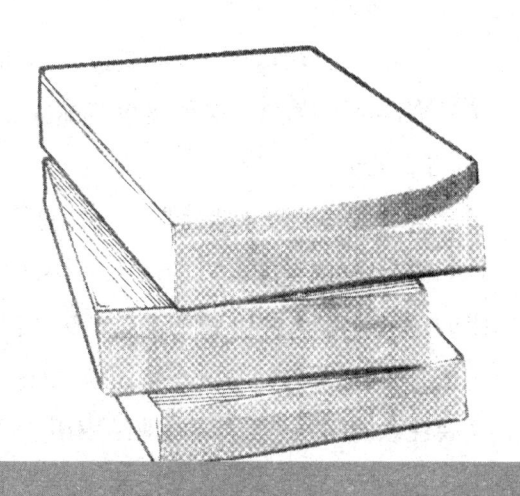

第一节 工作计划

撰写要领

一、计划的概述

计划,是人们根据一定时期的方针政策、承担的任务,结合客观实际情况预先对某个时期的工作用书面文字作出安排的一种文体。

二、计划的特点

计划的特点是它有明确的目的性,较强的预见性和措施的可行性。

三、计划的分类

计划按照不同的标准可以分成不同种类,根据内容可分为:工作计划、学习计划、生活计划等。

四、计划的写作格式

计划一般由标题、正文与签署三个部分组成。

(一)标题

标题的一般格式是:制定单位+计划时限+事由+文种。有时候也可以省略单位名称,但在签署处要写明单位名称。

(二)正文

最常见的是条文式计划,正文包括前言、主体、结尾三个部分。前言部分是计划的总纲,主要写计划的政策依据、指导思想,包括党和国家的方针政策、上级的指示和精神、本单位的基本情况、计划或者目标的总任务等等。主体是计划的核心,展开回答计划的具体任务、目标、措施、方法步骤等等,同时还要注意写明要注意的问题等等。结尾即结束语,可以提出希望,发出号召,以鼓励本单位全体人员为实现计划而努力,当然可以视具体情况不写这个部分。

(三)签署

条文式和文表结合式计划的签署一般在正文的右下角,包括制定计划的单位和日期,如外发的还需要加盖公章,也可以写在标题下面;表格式计划的签署一般写在标题下面。

经典范文

范例1 工作计划

××市××区政府20××年镇政府工作计划

新春伊始,今天镇党委、政府召开20××年经济工作部署大会,这对于完成全年工作目标任务非常重要,去年12月底和今年初先后召开了镇第七届人民代表大会和镇六届三次党代会,确定了今年经济工作的主要目标任务,我们一定要围绕年初制定的目标,牢固树立科学的发展观,团结拼搏,扎实工作,实现我镇经济社会又好又快地发展,主要应做好以下几方面工作。

一、切实加强抗灾工作

今年我镇从1月26日开始至2月1日连降大雪,积雪总厚度超过40厘米,降雪量历史少有。为积极应对恶劣天气,动员全镇广大干部群众迅速行动,做好各项安全工作,努力把灾情减少到最低限度。据统计受这次雪灾的影响全镇倒伏杨梅树1200棵,大枝断裂2000棵;全镇倒塌蔬菜大棚150000平方米,压塌养猪、养鸡棚3580平方米,压死母猪2头,压烂蛋鸡1600只,直接经济损失约2500万元。撤离危患住房30户,消除事故隐患2起(镇夏农贸市场、苏州美林水产有限公司制冷车间),积极排查事故隐患,对抗灾能力差的堂里、涵村、秉汇、工农桥农贸市场采取措施,临时停止营业,确保安全。同时多次组织人员及时清除东河农贸市场屋顶积雪,确保安全和正常营业。全镇出动铲车10辆,人员2万余人次,清除道路积雪。在这次大雪灾害天气下,各村和交通、电力、广电、公安等职能部门行动迅速,措施扎实,加强了值班和巡查力度,确保了电力、交通安全畅通运行和正常的生活、生产工作秩序。针对这次雪灾造成的损失,倒塌的蔬菜大棚、猪舍、鸡棚要抓紧修复。受损的果树要及时组织果农生产自救,相关职能部门要提供最优质的服务和技术指导,认真做好抗灾各项工作。

二、加大招商引资力度,增强经济发展后劲

继续拓展招商思路,通过各类媒体宣传和主题推介,以及产业招商投资说明等活动,不断创新招商方式。利用我镇独特的人文资源、自然资源、生态资源,突出以旅游服务业为招商引资重点,大力引进生态、休闲、观光旅游项目和产业关联度高、辐射带动能力强的环保型工业项目。

要整合优势资源加大推介和招商力度,吸引社会各方面的资金共同参与金庭镇的开发建设。要充分利用农业园区的平台,大力引进包括生命科学、医药科研、农业产学研一体等高科技、高附加值的研发项目,努力提高招商引资的质量和科技含量。大力引进能源消耗少、技术含量高、贡献大的项目。同时,积极引导和鼓励企业利用现有的土地和厂房增资扩股,扩大生产能力。积极探索一产与三产有机结合的发展新路。另一方面要强化服务,确保招商项目开工建设。各单位、各部门都要牢固确立服务意识,树立全方位服务观念和全镇一体的大观念,创造优质、高效、便捷的服务环境,提高办事效率,对已确定的项目在责任到人的基础上,要加强跟踪服务,勤联系多沟通,全力营造良好的发展环境。

三、集中力量,加快发展以旅游业为重点的服务业

发展以旅游业为主的服务业是金庭镇加快发展经济的着力点,也是我镇优势后劲所在,我们要按照金庭镇区域发展功能定位,着力做好旅游资源整合和规划,打造经济发展亮点,做出特色,努力实现旅游业的跨越发展。主要突出发展以古村、休闲观光、生态农业旅游为特色的旅游服务业,加大宣传促销力度,创新各类旅游节庆活动,配合区委、区政府搞好第十二届太湖梅花节、碧螺春茶文化节和正月十八包山寺庙会。组织赴全国有影响城市开展旅游推介会，进一步扩大金庭的知名度。大力发展一批星级饭店和"农家乐"。当前，春季旅游旺季即将来临，要早准备、早安排，积极推出一日游、二日游等旅游项目。大力发展房地产市场，一方面要依托良好的生态环境优势，千方百计向上争取三产用地指标，开发旅游配套设施和房地产项目，做好土地上市拍卖文章，为开发建设筹措足够资金。今年计划推出 7 幅地块上市拍卖，共 1545 亩，其中堂里水月坞 33.45 亩，天王荡南入口处 37.27 亩，金庭路南侧 38 亩，金庭南路 150 亩，老镇区 30 亩，居山湾 1257 亩（两幅）。加快明月湾大酒店、天王荡公寓式酒店、苏景房地产项目的征地进度，尽快开工建设。

四、加快开发建设景点步伐

我们一定要加快开发新的景点，把我镇旅游业做大、做强、做优，一要集中力量抓重点旅游项目开发和建设，特别是对已引进的观音院露天大佛、圣堂寺等一批重点旅游项目要协调和督促投资商尽早开发，尽早建设。二要加大对现有景区、景点的建设力度，不断充实完善景区功能，加大缥缈峰景区配套工程的建设力度，开发建设百花园、滑草场、地质公园博物馆、景区会所等项目，山顶轨道缆车、缥缈谷休闲农场等项目要抓紧落实。金庭太湖碧螺股份有限公司要加强管理，提升旅游人气，增加效益，同时认真做好上市前的各项准备工作。

五、加快推进实事工程建设

今年镇政府在人代会上确定了 8 件实事工程。一是完成新建西山地区人民医院工程，目前主体装修工程已完成 40%工程量，要抓进度抓质量，附房及配套设施要加快施工进度，力争 5 月份正式交付使用。二是完成环岛旅游专线公路设计规划论证，争取开工建设。三是完成新镇区规划论证。四是完成镇文体服务中心场地建设。五是石公中学创建一批教育现代化学校。六是完成公交首末站建设。七是完成派出所行政办公用房建设。要尽快进场开工建设。八是完成社保、农村医保任务，提高社会保障水平。这 8 件实事工程，将分解到分管领导，明确责任单位，制定实施方案，推进实事工程建设的进度。

六、继续强化各项行政工作管理

人口与计划生育工作要继续保持低生育水平，进一步加强宣传教育，深入开展计划生育优质服务，加强对流动人口的计划生育管理。全面落实计划生育各项措施，努力把计划生育工作提高到一个新的水平。土地管理和村镇建设要严格执行耕地保护各项制度，精细管理建设用地，有效盘活存量土地，提高土地资源保障能力。继续深入开展查处土地违法违规专项行动，从源头上控制土地违法行为。严禁土地非法买卖，严格建房审批制度。环保工作要切实加大对环境污染的监控力度，严格控制各类污染源的排放，不断改善我镇环境质量。按照区政府环境保护目标责任书的要求，主要完成镇污水处理厂脱氨除磷工程、明月湾污水站工程、污水管网建设等任务，为我镇经济发展创造良好的生态环境。切实加强双拥、优抚、宗教事务等工作，营造一个良好的社会氛围。

七、强化法制观念，全面提升行政执法水平，认真听取人民代表的建议、批评和意见，狠抓落实

镇七届人代会第一次会议共收到代表建议意见28条，涉及土地管理2条，社会事业和社会保障方面7条，交通道路设施方面9条，安全方面4条，教育方面2条，农业方面1条，市镇建设方面2条，生态旅游方面1条。××区二届人大一次会议、二届政协一次会议交办建议意见、提案4件，其中1件主办，3件协办。对此，镇政府要召开专题会议，明确责任人、承办单位和具体经办人，逐条加以落实，对暂时难以办理的或政策不允许的，要做好解释工作。继续深入开展"五五"普法教育，提高全民法律意识。围绕新一轮"平安创建"目标，深入推进大调解、大防控体系，依法严厉打击各类刑事犯罪活动。要高度重视群众来信来访，及时疏导和化解各类矛盾。认真落实安全生产责任制，努力把各类安全事故杜绝在萌芽状态，保障人民群众的生命财产安全。建立和健全社会预警机制，提高保障公共安全和处置突发事件的能力，全力维护社会稳定。要切实加强政府工作的规范化、制度化管理，提高依法行政效能，做到令行禁止，政令畅通，高效率、快节奏推进各项工作。政府机关各职能部门要坚持以人为本，依法行政。文明执法，努力提高为基层、为群众、为企业服务的水平。

××市××区镇党委
二〇××年×月×日

范例 ② 学习计划

20××年市政处党支部学习计划

20××年是深入贯彻落实科学发展观、积极推进社会主义和谐社会建设的重要一年,是全面深入学习宣传贯彻党的十七大精神的开局之年,也是全面落实区第六次党代会提出的各项目标任务的关键之年。为进一步加强支部学习,不断提高全体党员干部的政治素质和领导创新的能力,为城市管理工作提供可靠的组织保证,根据区城管局党委有关精神,结合我处实际,对20××年支部学习提出以下意见:

一、指导思想

以邓小平理论和"三个代表"重要思想为指导,深入贯彻落实科学发展观,认真贯彻落实党的十七大精神和市、区重要会议及区委第六次党代会的精神,坚持用马克思主义中国化新成果武装头脑,准确把握城市管理的重点工作和所面临的主要问题,切实以科学发展观武装头脑,指导实践、推动工作,努力成为勤奋学习、善于思考的模范,解放思想、与时俱进的模范,勇于实践、锐意创新的模范,为深入实施区委"创业富民、创新强区"总战略,扎实推进市政工作跨越式发展提供思想指引和理论保证。

二、学习重点

(一)深入学习党的十七大精神,切实把思想和行动统一到十七大精神上来

1.深入学习领会党的十七大的新主题。十七大的主题对于我们党带领人民从新的历史起点出发,抓住和用好重要的战略机遇期,继续全面建设小康社会、加快推进社会主义现代化,完成时代赋予的崇高使命,具有重要意义。通过学习,全面理解党的十七大主题的深刻内涵,毫不动摇地高举中国特色社会主义伟大旗帜,准确把握推进城市管理工作的正确方向,进一步增强责任感、使命感,敬岗爱业,勤奋工作,把党的十七大精神贯穿于各项工作的全部实践,贯穿于党性锻炼的全部实践。

2.深入学习领会经济、政治、文化、社会建设的新要求。十七大对中国特色社会主义事业总体布局作出的新的重大安排,体现了推动科学发展观、促进社会和谐的内在要求。通过学习,领导干部要深刻领会新布局,牢牢把握新部署,大力推进经济结构战略性调整,加快发展社会主义政治文明,进一步推动社会主义文化大发展大繁荣,着力保障和改善民生,使全体人民共享改革发展的成果。

3.深入学习领会推进党的建设的新任务。十七大深刻阐述了以改革创新精神加强和改进党的建设的重要性和紧迫性,提出了一条主线、五个重点和五大建设、六项工作,明确了新形势下加强党的建设的新任务。通过学习,使领导干部始终保持清醒头脑,树立良好精神状态,增强团结意识和大局意识,更好地发挥先锋模范作用。

(二)深入学习科学发展观的丰富内涵和精神实质,大力促进城市管理工作又好又快发展

1.深入学习调整经济结构和转变发展方式的重大意义。推进经济结构调整和转变发展方式,是落实科学发展观,实现经济又好又快发展的重要着力点。通过学习,正确认识发展的科学内涵、根本目的、基本原则,正确把握发展进程、发展规律、发展要求,正确处理好加强理论学习与城市管理的内在关系,自觉把各项工作统一到科学发展观的要求上来,既要正视当前市政养护管理的难点矛盾,又要看到良好机遇;既要全力以赴抓好市政养护管理工作,又要在提升整体形象上下功夫,正确处理好支部与行政、建章立制与组织实施、目标管理与提高素质等方面的关系,实现市政工作的协调可持续发展。

2.深入学习推进"创业富民,创新强区"战略的重大意义。创业创新是富民之举和强区之路。领导干部要率先垂范,加强创业创新的理论学习,增强创业创新的责任意识,紧紧围绕中心任务,探索市政养护管理工作新路子,寻求长效机制,转变理念,以着力改善民生为主题,以提升创业水平、拓展创新领域为主线,培育创业创新新环境,不断提高创业创新的能力,推动富民强区各项工作不断取得新突破。

3.深入学习加强资源节约和环境生态保护的重大意义。正确把握建设资源节约型、环境友好型社会的基本原则、途径和要求,以促进经济发展与人口、资

源、环境相协调为目标，以解决影响可持续发展的环境问题为重点，大力发展循环经济，加强资源节约和合理高效利用，加强环境保护和生态建设，使生态环境与经济社会发展良性互动，达到全面协调可持续发展。

(三)深入学习构建和谐社会的重大战略思想，大力推进社会公共服务建设

1.深刻学习领会健全社会管理格局的新要求。充分认识我国社会结构发生的深刻变化对社会管理格局的新要求，正确把握健全党委领导、政府负责、社会协同、公众参与社会管理格局的改革思路，进一步树立服务型政府的理念，更加注重履行社会管理和公众服务职能，创新公共服务体制，改进公共服务方式，逐步形成惠及全民的基本公共服务体系。

2.深刻学习领会健全社会防控体系的新任务。深刻认识深入开展"社会治安攻坚年"活动，是确保人民生命财产安全、构建社会主义和谐社会的重要任务。进一步完善社会治安防控体系，广泛开展平安创建活动，从当前人民群众最直接、最关心、最现实的利益问题入手，着力解决涉法涉诉中群众反映强烈的问题，把社会治安综合治理的政策措施落到实处。

3.深刻学习领会大力发展社会事业的新举措。深刻认识开展"民生行动提升年"活动，是推动经济社会协调发展的必然要求。围绕民生民计薄弱环节，准确把握民生提升行动计划的重大部署，妥善解决涉及广大人民群众现实利益的突出问题，全力构建和谐社会，使民生提升行动计划更加贴近群众、贴近实际，把更多的发展成果用于提高人民群众生活质量和水平。

(四)深入学习各类现代科学知识，大力提高领导干部的整体素质和领导科学发展的能力

1.学习现代经济知识，提高驾驭市场经济的能力。学习掌握现代科学知识，认识市场经济的基本功能，理解价格机制配置资源的特点，更好地发挥市场机制的积极作用；熟悉影响宏观经济总量和结构变化的主要因素，提高综合运用经济、法律和行政手段进行宏观调控的本领。

2.学习管理知识，提高管理的能力。加强管理，是加强党的执政能力建设的必然要求，是促进经济社会协调发展的当务之急，也是构建社会主义和谐社会的一项基础工程。认真学习社会结构规律的知识、当代社会组织和管理知识、社

会心理学以及国外社会管理的有益经验,深入浅出研究当前的突出矛盾及其规律,创新管理理念,完善管理机制,整合管理资源,统筹协调矛盾,不断加强和改进城市管理,大力提高城市管理的能力和水平。

3.学习法律知识,提高依法办事的能力。按照依法治国基本方略和建设"法制北仑"的总体要求,带头学习宪法、民商法、经济法、行政法等法律,以及其他与履行职责相关的法律法规,熟悉社会主义市场经济条件下调整各种社会关系和利益关系、保护市场主体合法权益、维护人民群众合法权益、维护国家利益的主要法律制度,牢固树立社会主义法治理念。增强法制意识,提高法律素养,善于用法律思维考虑问题、用法律手段推动工作、用法律武器解决矛盾,积极有效稳妥地推进民主法制建设,促进社会和谐稳定。

(五)深入学习专业知识,大力探索市政养护管理新路子

紧密结合我区"五大突破"发展战略,学习借鉴国内外先进的城市管理理论和国内成功的城市管理经验,围绕实现"重提升、城乡一体化"的总体工作目标,进行专题学习研究,进一步促进城市管理向精细化、网络化、人性化发展,推进城市管理工作向乡镇延伸,积极实施"数字城管"建设,加快城区市政配套设施建设,努力构建和谐优美宜居宜业的港城新区。以全面落实区第六次党代会确定的目标和任务。

三、学习要求

1.坚持创新形式,不断增强学习的吸引力。根据学习内容及实际情况,不断改进学习方式和方法,综合运用局组织的专题学习会、交流会等各种有效形式,充分发挥网络资源优势,广泛开展学习活动,增强学习的主动性和吸引力。

2.坚持完善制度,不断增强学习的规范性。进一步健全支部学习制度,完善个人自学制度、学习预告制度、学习记录制度、学习季报通报制度及学习总结制度。要利用工作之余或节假日认真学习政治、经济、科技、法律、历史、文化等方面知识,除学习规定的必读书目外,结合自身工作选学有关内容,做到学以致用。全年集中学习时间不少于12天,全年的出席率应不低于90%,要求做好学习笔记和中心发言的准备,年终每人认真总结学习情况,使学习进一步制度化、规范化、经常化。

3.坚持理论联系实际,不断增强学习的实效性。把学习理论同指导工作结合起来,把解决认识问题同解决实际问题结合起来,把转变思想作风同转变工作作风结合起来,把提高理论水平同提高贯彻落实科学发展观、建设和谐社会的能力结合起来,在提高决策水平上下功夫,在维护社会稳定上下功夫,学以致用、用以促学,真正达到武装头脑、指导实践、推动工作的目的。

××区市政工程管理处党支部
二○××年×月×日

范例3 活动计划

××厂开展植树造林美化厂区的活动计划

根据全国五届人大第四次会议通过的《关于开展全民义务植树造林运动的决议》,结合我厂厂区建设的实际,决定在今年春季开展植树造林、美化厂区活动,拟做好以下几项工作:

一、任务与要求

(一)××厂今年春季在厂区内植树×××株,铺草坪×××平方米,种植各种花草×××棵。要求平均每人植树×棵,铺草坪×平方米,种花×棵。要做到栽种后有管理,保证成活,并在植树节前完成上述任务。

(二)这项活动以厂办为领导,以各车间、科室为单位,以园林管理科为指导来进行,具体要求:

1.各车间、科室的领导要带头,并指定专人负责此项工作。
2.充分发动群众,认真组织好力量,采取分片包干的办法。
3.要因地制宜,针对厂区环境的不同条件,种植各种不同的花草树木。
4.园林管理科要及时做好花草树苗的备运等各项工作。
5.加强对每一阶段工作的检查,2月中旬做一次全面检查。

二、措施

(一)于2月下旬召开一次植树造林的工作会议,参加人员是各车间、科室负责人。重点研究植树造林各项准备工作,采取必要的措施予以落实。

(二)加强各部门对植树造林美化厂区的领导工作,认真解决各部门存在的问题。

(三)从园林管理科抽调几名同志到各科室、车间的植树造林现场进行指导。

(四)在植树节前,要把这项活动基本搞完。

××厂工会

二〇××年×月×日

第二节　工作规划

撰写要领

一、规划的概述

规划是各级行政机关常用的计划性公文之一。规划是比较大的、长远的、带战略性的发展计划,是一种宏观的长远计划。

二、规划的特点

规划和计划相比较,计划显得单纯、具体,完成的时限性较强。规划则属于对一定地区或较大的事业、工作等在若干年内的战略性部署,可以用它来制定发展远景和总目标,以划分实现远景目标大的阶段与步骤。

制定规划的目的是为了统筹全局,增加决策的科学性,也可以通过远景蓝图的描绘激发群众的积极性。

三、规划的写作格式

规划文体格式和计划文体格式大体相同,也由标题、正文和签署三部分构成:

(一)标题

规划的标题包括制发机关、事由和文种类别(规划)"三要素",且一般不能有省略。标题中的"事由"一项,要写明时限和"规划"的范围,是属于"国民经济发展规划",还是属于"市政建设发展规划"。一般来讲,规划的时限应是五年,或者十年。一年、两年的"规划"就应改为"计划"。

(二)正文

规划的正文多由现状分析、规划内容、对策措施三部分组成。现状分析部分要简要说明制定规划的依据、目的和总的目标等;规划的内容是正文的主体,要具体设计各方面的指标;对策措施部分是针对第二部分的内容提出的原则、方法。

(三)签署

因标题中已包含制发单位,只需在正文右下方签上制发日期。

国家机关制定的大型规划,制发日期多在标题下加括号标示。

经典范文

范例1 工作规划

××省20××—20××年科技普及工作规划

为了进一步加强科学技术普及(以下简称科普)工作,提高公民的科学文化素质,促进全省经济和社会发展,根据《中华人民共和国科学技术普及法》(以下简称《科普法》),结合我省实际,制定本规划。

一、指导思想

以邓小平理论、"三个代表"重要思想和科学发展观为指导,认真贯彻党的十七大精神,以全面建设小康社会为奋斗目标,大力普及科学技术知识,弘扬科学精神,传播科学思想,倡导科学方法,通过各种途径,采取多种形式,广泛开展群众性的科普活动,推动全社会形成爱科学、懂科学、重科学、用科学的良好风尚,形成有利于发明创造和科技创新的良好环境,努力提高公民科学文化素质,促进经济社会全面协调可持续发展。

二、工作目标

在省会××建设一个具有较高水准的科技馆,各市州力争建设一个以上区域性、专业性的科技场馆或青少年科技教育基地。初步形成一个以省会科技馆为核心,以一批具有专业或产业特征的场馆为辅助,以成片科普教育基地为基础的科普场馆体系;初步创建一个以大众传媒为主体的网络化、立体化的科普宣传体系;有重点地扶植一批非营利性的社会科普组织,基本形成一个层次化、多元化、专业化的大科普组织体系;建立以政府投入为主体,社会组织和个人资助科普事业的多元科普投入机制;逐步建立起由科普专家、科技工作者、技术能手和科普志愿者组成的专群结合、专兼结合、动态稳定的科普人才队伍;建立和完善科普政策法规体系和工作制度。

三、工作重点

(一)着眼于面向现代化、面向世界、面向未来的素质教育,加强对青少年的科普工作。依托和发挥学校的主渠道作用,推动科普与学校科技教育的融合,全面提高青少年的科学素养。要将科学精神、科学态度、科学价值观及科学行为习惯的培养作为学校德育教育的重要组成部分。积极推动学校创新教育的深入开展,促进全省青少年科技创新活动全面普及。继续培育和扶持一批创新教育示范学校,各类中小学校要积极创造条件逐步开设研究性学习课程,因地制宜开展多种形式的科技发明、科技夏令营、科学考察、科技竞赛等活动,扩大青少年的科学知识视野。加强对科技课教师、辅导员和科普工作者的科技教育,积极倡导有条件的中小学聘请著名科学家、工程师、学者担任校外辅导员。逐步建立健全青少年科普活动监测评价制度,建立和完善青少年科学素养的评价体系。

(二)围绕全面建设小康社会,加强对农村干部群众的科普工作。(略)

(三)以提高科技意识和科学决策水平为目的,加强对领导干部的科普工作。(略)

(四)围绕企业技术创新和现代企业制度的建立,加强对企业的科普工作。(略)

(五)以优化城镇软环境和创建文明社区为目标,加强对城镇社区的科普工作。(略)

四、保障措施

(一)加强领导,健全科普工作管理体制。各级党委和政府要进一步加强对科普工作的领导,建立科普工作协调制度,建立各级政府科普工作考核制度,将科普工作绩效作为文明建设的重要考核指标。要加强全省科普统计与调查工作,每2~3年组织实施一次全省公众科学素养调查。为改进科普工作提供决策依据。要建立《科普计划活动项目指南》定期发布制度。对全省的科普研究工作进行宏观指导。省科技厅要负责制定全省科普工作规划,对科普工作进行指导、协调和统一管理。省科学技术协会作为科普工作主要社会力量,要积极组织开展群众性、社会性、经常性的科普活动。省直相关部门要协同配合、积极参与,共同推进全省科普工作开展。

（二）进一步加大对科普事业的投入。各级政府要按照《科普法》和《××省科学技术普及条例》规定,将科普经费列入同级财政预算,并随财政收入的稳步增长,逐步增加财政对科普工作的投入。要引导社会资金投入科普事业,鼓励社会各界和海内外热心科普事业的团体和个人捐赠,条件成熟时建立"××省科普发展专项基金"。

（三）建立和完善科普工作激励机制,建立科普工作表彰和奖励制度。省每两年开展一次评选表彰科普工作先进集体和个人的活动,对为全省科普事业发展作出突出贡献的单位和个人给予表彰和奖励,并逐步将重大科普理论研究成果、科普著作等纳入省科学技术进步奖的范畴。要重视解决专职科普工作人员职务、待遇等问题,加大宣传科普人物先进事迹的力度,吸引更多的有识之士投身于科普事业。对从事科普工作的公益事业单位,享受国家给予研究开发机构的优惠政策,对单位和个人在科普产业中取得的收入,按规定给予一定的税收优惠。

（以下略）

××省科技厅
二〇××年××月××日

范例 2 发展规划

2006—2010年审计工作发展规划

"十一五"时期是全面建设小康社会的关键时期。为了充分发挥审计监督在促进社会主义经济、政治、文化和和谐社会建设中的职能作用，根据《国民经济和社会发展第十一个五年规划》，结合审计工作实际，制定本规划。

一、今后五年审计工作的指导思想是，以邓小平理论和"三个代表"重要思想为指导

以科学发展观为统领，继续坚持"依法审计、服务大局、围绕中心、突出重点、求真务实"的审计工作方针，认真履行宪法和法律赋予的职责，全面监督财政财务收支的真实、合法、效益，在推进社会主义经济、政治、文化、社会建设中发挥更大作用。

二、今后五年审计工作的总体目标是，以审计创新为动力，以提升审计成果质量为核心

以加强审计业务管理为基础，以"人、法、技"建设为保障，全面提高依法审计能力和审计工作水平，进一步加强审计工作法制化、规范化、科学化建设，积极构建与社会主义市场经济体制相适应的中国特色审计监督模式。

三、今后五年审计工作的主要任务是，认真落实修订后的审计法，全面加强审计监督

继续坚持以真实性为基础，严肃查处重大违法违规问题和经济犯罪，治理商业贿赂，惩治腐败。促进廉政建设。

全面推进效益审计，促进转变经济增长方式，提高财政资金使用效益和资源利用效率、效果，建设资源节约型和环境友好型社会。

充分发挥审计监督在宏观管理中的作用，注重从政策措施以及体制、机制、制度层面发现问题并提出审计意见和建议，促进深化改革，加强宏观管理。

四、在审计内容和审计方式上坚持"两个并重"

坚持财政财务收支的真实合法审计与效益审计并重,每年投入效益审计的力量占整个审计力量的一半左右。以专项审计调查为主要方式,以揭露严重损失浪费或效益低下和国有资产流失问题为重点,以促进提高财政资金使用效益和管理水平为主要目标,全面推进效益审计,到2010年初步建立起适合中国国情的效益审计方法体系。

坚持审计与专项审计调查并重,每年开展的专项审计调查项目占整个项目的一半左右。重点调查国家政策法规执行中存在的问题和重大决策的落实情况,关注财政资金使用效益和涉及群众切身利益的突出问题,促进国家相关政策制度的落实和完善。

五、继续着力加强三项基础工作

实行科学的审计管理,不断创新审计管理方式和方法,整合审计资源,促进提高审计工作层次和水平。

着力完善审计质量控制体系,进一步规范审计行为,防范审计风险。

进一步探索和完善信息化环境下新的审计方式,大力开展计算机审计,积极推广先进的审计技术方法,促进提高审计工作效率和质量。

××市审4计局

二〇××年×月×日

第三节　工作总结

撰写要领

一、总结的概述

总结是对前一阶段社会实践活动进行全面回顾、检查、分析、评判,从理论认识的高度概括经验教训,以明确努力方向,指导今后工作的一种机关事务文体。它是党政机关、企事业单位、社会团体都广泛使用的常用文体。

二、总结的特点

(一)实践性

客观规律是通过"实践—认识—再实践—再认识"而获取的,只有发挥主观能动性,投身工作实践,不断总结,才能求得规律。所以说总结是实践的本质的反映,它的对象是自身的工作,它的内容应当完全忠实于自身的实践活动。总结来自实践,它的观点是从自身实践活动中抽象出来的认识和规律。

(二)目的性

总结是人们对前一阶段工作实践的回顾。为了更好地去认识世界、解释世界、寻找规律,其目的都是为了将来,从而能动地去改造世界。不论是经验还是教训,都有利于指导实践,都是改造自然和社会的一面镜子。

(三)理论性

总结是对已做工作的回顾,但总结的目的和关键又不在于简单地回顾和反映,而是要进行深入的分析和研究,得出经验和教训,以指导今后的工作。所以,总结要体现理论性,要从回顾中提炼出规律性的东西,从实践上升到理论,完成感性认识到理性认识的飞跃。写总结虽然要以事实为基础,但还需要提升到理论的高度,即不仅要说出"是什么",还要阐明"为什么"和"怎么办"。要分析,从中总结出一些新鲜的独到的而又具有指导意义的东西。

(四)群众性

总结涉及活动的主体一般是基层群众,反映的是群众的实践成绩,总结所提炼的智慧和经验教训也多来自群众。总结比计划更需要听取群众的意见。

(五)业务性

一般来说,总结是本单位、本部门、本系统的人所共同关心的问题。它的业务性、技术性比较强,否则就"空"了。但"务虚"和"务实"必须结合,要有明确的指导思想、确实的材料。当然也要集中群众的智慧,讲究群众性。

三、总结的分类

从不同角度分,总结可以分成各种类型。如:根据内容多少,可分为综合性总结(或全面总结)、专题性总结两种;根据总结的对象,可分为工作总结、学习总结、会议总结、思想总结、生产总结等多种;根据范围分,可分为个人总结、集体总结等;根据时间分,又可分为年度总结、季度总结、月份总结等。其实,上述划分法多数是相互交叉的。从各级党政机关和行政单位来讲,总结的内容自然是本部门、本单位的工作。因此,全面的工作总结和专题工作总结之分,是对总结的一种比较切实可行的区分。

四、总结的写作格式

总结的结构一般由标题、正文和落款三部分组成。现在以工作总结为例,讲解总结的写作格式。

工作总结由标题、正文和落款三部分构成。

(一)标题

标题一般要包括单位或制发机关名称、时间概念和文种类别(工作总结)"三要素",但有时仅写时间概念和"工作总结",而省写单位名称。还有一种写法是使用"双标题",用一句主题词、句作正标题,用副标题标明单位名称、时间概念和文种类别。

(二)正文

正文一般包括前言、主体和结语几个部分,分别写入基本情况、成绩与经验及问题与教训、今后的意见等几个方面的内容。

前言部分,通常用以概述情况,或对工作背景和开展工作的条件,做一个简要交代。

主体的第一个部分是"成绩与经验"部分,在此要用翔实的材料,将成绩及取得成绩的做法写明,最好要有实例,有数字,还要有体会,要能够从中找出规律性的东西;主体的第二个部分是"问题与教训"部分,在此要实事求是地把工作中的失误和问题写明,并深刻分析产生失误和问题的原因,指出应当吸取的教训。写主体部分,必须做到观点与材料相统一,情况与分析相结合,而且材料要具体,情况要真实,观点要明确,分析要深入,只有这样,写出的总结才会具有较高的价值。夹叙夹议或先叙后议,都是总结的主体部分常用的写法。把存在的问题和解决问题的措施放在一起,在"问题与教训"部分之后写出,也是比较常见的写法。

在结语部分,要结合经验和教训,提出改进工作的办法或下一步努力的方向。有的总结是在最后展望前景,表明决心。这部分内容也可以不写。

篇幅较长的总结,通常要在每个部分之前加上序码,或者加上序码和小标题。

(三)落款法定作者、日期

如果在标题中和题下作者及日期已标明的,可省略。

工作总结是全面总结,写作时,要求全面占有材料,一分为二地看待工作。但又必须注意抓住重点,防止记"流水账",面面俱到。

经典范文

范例 1　活动总结

××社区开展"社区党建工作落实月"活动总结

（20××年×月×日）

××社区认真贯彻落实《中共××区委保持共产党员先进性教育活动领导小组关于在全区开展社区党建工作落实月活动的通知》（区先组发[2005]21号）文件精神，深入开展"社区党建工作落实月"活动，坚持从社区实际出发，着力解决社区建设、管理、服务工作中存在的突出问题和群众关心、反映强烈的热点、难点问题，进一步密切了社区党群、干群关系，促进了社区各项事业的协调发展。现将"社区党建工作落实月"活动开展情况简要总结如下：

一、强化组织领导，深入调查研究，制订实施方案

为了切实加强对"社区党建工作落实月"活动的组织领导，社区首先成立了由各社区县级干部、区政协副主席任××同志任组长，联系单位领导、街道社区领导、社区党建工作指导员、社区党组织负责人及挂职副书记等共同组成的××社区开展"社区党建工作落实月"活动领导小组。任主席和领导小组成员带头深入辖区单位，深入群众家中走访，及时掌握社区基本情况，详细了解社区建设、管理、服务工作中存在的突出问题和辖区单位、群众反映强烈，亟待解决的热点、难点问题，并广泛征求社会各方面意见，制订了《××社区"党建工作落实月"活动实施方案》，为"社区党建工作落实月"活动的深入、扎实开展奠定了坚实的基础。

二、强化工作职责，细化工作任务，完善工作机制

为了确保群众反映的问题能得到有效解决，××社区将各项工作任务进一步

细化、量化,分配到人,做到了"人人心中有压力,人人肩头有责任",明确办结时限,建立健全并认真落实目标承诺制、挂牌销号制、检查通报制及办理结果公示制等各类工作制度,领导小组坚持每周五召开例会,各承办人向各社区县级干部汇报工作开展情况;提出工作中存在的困难和问题,由领导小组统一协调处理,确保了工作的质量和进度。

三、以身作则,率先垂范,落实各项工作任务

在"社区党建工作落实月"活动开展期间,任××同志与领导小组成员积极协调有关职能部门,坚持以身作则,率先垂范,使确定的各项工作任务得到了有效落实。

1.辖区公园家属楼前建筑垃圾堆积,严重影响了社区环境,居民对此颇有怨言。任主席带领社区党组织负责人与市城建监察支队、区环卫局协调将垃圾全部予以清理。为了建立长效工作机制,确保该地段不再重新成为垃圾死角,任主席又积极与××公园协调安装了铁门和栅栏,彻底解决了该地段垃圾乱倒、乱堆的现象,受到了附近群众的一致好评。

2.辖区市救助管理站院内居民乱倒、乱堆垃圾,附近卫生脏、乱、差,群众意见很大。社区曾多次协调,但因该院产权分属市残联、市救助管理站和市煤炭公司三家所有。推诿扯皮现象时有发生,收效甚微。任主席带领社区党组织负责人亲自与三家单位进行协调,对院内垃圾进行了集中清理,并促使三家单位承诺今后加强管理,确保院内及周边环境卫生整洁,使这一严重影响社区整体卫生状况的突出问题迎刃而解,为附近居民创造了一个良好的生活环境。

3.社区办公楼前部分地坪出现浮碴、开裂现象,严重影响了整体环境。任主席了解这一情况后,积极与社区联系单位区绿化局协调,由区绿化局负责将社区办公楼前场地及台阶进行硬化,硬化面积达100余平方米,有效改善了社区办公条件,提升了社区品位。

4.针对辖区部分下岗失业人员、老党员生活困难的现状,任主席带领社区联系单位领导和社区党组织负责人对4户下岗失业人员、老党员及"两劳"释解人员进行慰问,为他们送去了价值600余元的慰问品,并协调解决一名失业人员顺利实现就业。

5.针对群众反映辖区部分麻将馆时有打架斗殴现象发生,严重扰乱社会治安,影响群众休息这一状况,任主席积极与公安机关进行协调,将辖区部分麻将馆予以关停,使社区治安状况明显好转,真正体现了"以人为本"的服务理念。

6.任主席与领导小组成员积极与辖区单位党组织进行联系与协调,坚持以党建带共建,以共建促服务,深入开展"扎根楼宇"活动,在辖区每个楼栋选出一名责任党员(党建联络员),对楼栋长和责任党员进行挂牌公示,认真开展"党员亮身份"活动,在金汇园深入开展"文明楼院"创建活动,制作党员公示栏,对该楼院居住党员进行公示,认真组织并带头参加各类便民、利民服务活动,促进了金汇园"文明楼院"创建活动的深入开展。

四、创新活动载体,增强活动实效

xx社区积极创新活动载体,深入开展"五个一"活动。任主席和联系单位负责人、社区党建指导员、街道党组织负责人、社区党组织负责人及挂职干部深入社区,详细了解社区现状。认真解决群众反映的问题,以一名普通党员的身份带头参加社区组织的公益服务及志愿者服务活动,在活动中时时争做表率,处处甘为人先,自始至终坚守在最脏、最累的劳动岗位上,使辖区党员群众深受感动,极大地调动和鼓舞了广大群众参与社区服务活动的热情和积极性,促进了社区服务活动的深入开展。同时,任主席及领导小组成员与辖区党员群众深入交流思想,虚心接受群众意见建议。从社区实际出发,坚持为居民办实事、办好事,真正做到了"领导在一线服务,干部在一线办公,问题在一线解决,政策在一线体现,形象在一线树立",使一些长期困扰社区,群众反映强烈的热点、难点问题得到了有效解决。

通过深入开展"社区党建工作落实月"活动,有效改善了社区环境卫生状况,提高了社区服务水平。提升了社区品位,进一步密切了社区党群、干群关系,体现了共产党员的先进性,树立了党在人民群众中的良好形象,有效深化了全区保持共产党员先进性教育活动成果。

xx社区委员会

二〇xx年x月x日

范例 2　会议总结

××县林业工业公司四届二次职工代表大会
暨2008年工作会议总结

各位代表：

通过大家的共同努力，我公司四届二次职工代表大会暨2008年工作会议已顺利完成了各项既定议程，即将闭幕。现在，对本次大会作如下简要总结：

一、会议的基本情况

这次会议是认真贯彻党的十七大精神，全面落实林业局提出的各项任务和要求，总结回顾我公司2007年各项工作并安排部署2008年重点工作的一次重要会议，会议气氛热烈、求真务实、主题突出、成效显著，达到了集思广益、发扬民主、布局全年的预期目的，对于推进企业的全面发展具有重要意义。

这次会议，市林业局、市森林工业局、县委、县政府、县总工会和县林业局高度重视，陈副局长、县常委谢副县长、王副主席、文局长、罗副局长等领导亲临会议，并作了重要指示，县人事劳动和社会保障局、××林场、森林公安局给予了大力支持，并为我们今后工作提出了指导性意见。对推动我公司各项工作具有十分重要意义。

会上，经理谭×作了题为《众志成城打好林业灾后重建硬仗，凝聚合力推进企业又好又快发展》的工作意见报告，深刻分析了企业发展所面临的形势和任务，明确提出了今年工作的工作思路、工作目标和重点工作。与会代表通过广泛深入的学习讨论，普遍认为，工作意见报告主题鲜明，思路清晰，目标明确，工作部署定位合理，对于我们努力完成2008年各项目标任务具有很强的指导性。同时，各位代表充分行使民主职权参与企业管理，为企业的发展建言献策，对于进一步完善企业发展思路和推进企业管理具有重要意义。在此，我代表公司全体干部职工对各位代表表示衷心的感谢！

会议同时听取了罗××副经理所作的2007年工作总结，李××主席所作的

2008年工会工作意见和尹××副经理所作的职工代表提案报告,并对2007年先进单位、先进集体、先进个人进行了表彰。

会议审议通过了2008年工作意见、企业内部管理办法修正案、职工代表提案报告、职工代表大会实施细则和企业员工手册。对于本次会议形成的提案和分组讨论期间收集到的意见与建议,各单位各部门要认真对待,尽快研究落实。

二、会议的贯彻

会议结束后,各单位要积极利用各种有效形式深入学习会议精神,明确会议主旨、领会精神实质,准确掌握和了解企业一年来所取得的成绩、存在的问题和面临的机遇与挑战,全面把握2008年的指导思想、工作思路和目标任务。按照这次会议的部署和要求,把思想认识和行动统一到会议确定的任务和措施上来,统一到公司的决策和部署上来,创造性地开展工作。落实责任,层层分解,把目标任务变为干部职工的实际行动。尤其是在工作意见和工作总结中指出的一些问题,各单位一定要高度重视,对照本单位的情况,查找存在的问题,采取针对性的措施,努力加以解决。不仅中层领导班子、中层干部与广大党员要带头认真学习,同时还要把会议精神传达到工区和每个职工,以深化职工对企业发展定位、战略措施和管理模式的理解。工会组织要切实发挥群众组织的桥梁纽带作用,充分调动、发挥好职工的积极性与创造性,广泛凝聚智慧和力量,为企业的发展筑牢群众基础。各单位要积极行动起来,振奋精神、鼓舞斗志,把全体职工的思想统一到全年的主要任务上来,统一到年度工作目标上来。

三、当前主要工作

一是要加强学习,提高职工的政治文化素质,特别是要加强对十七大精神的学习。党的十七大鼓舞人心、催人奋进,是我们开展各项工作的纲领与指针。十七大精神的学习是一项长期的政治任务,各单位必须要继续加强,并将十七大精神与我们的具体工作相结合,学通用活,使之真正武装头脑、指导实践、促进工作。

二是要进一步强化企业内部管理,确保各项目标的实现。我们要按照2008年的工作思路,进一步强化企业制度的执行、成本管理、财务管理、资源的保护、劳动用工管理、安全管理和资金管理工作,以确保各项经济指标的顺利完成。

三是要加强对管理层干部和职工队伍的管理，着力提高他们的综合素质和能力，建设一支政治素质好、经营业绩好、团结协作好、作风形象好的管理队伍和技术过硬、爱岗敬业、脚踏实地、勤勉自强的职工团队，不断增强企业的凝聚力、向心力和创造力。

四是要进一步强化企业考核工作。根据本次会议提出的工作要求，考核更加严格，考核结果与职工的切身利益的关联性也更加的密切。因此，各单位各部门要尽快拿出具体的考核细则。明确责任，对今年的工作任务仔细分析研究，层层分解细化，切实抓好落实。

五是要按照造林预检的情况，对需要补造的山场还没有补造的，要抓住当前天气机遇，尽快组织人员进行补造，确保去冬今春造林成活率。

六是要将年度生产计划尽快落实下去，今年是一个特殊年份，由于受雪灾的影响，加之我们的应变能力较弱，一些计划落实较慢，有些单位还在等待观望。现在计划、工作措施已经出台。各单位要按照会议要求尽快安排好本单位的年度工作。

七是要做好受损林木的清理，今年的受损林木较多，任务重，时间紧，各单位要按照工作意见中提出的要求，尽快落实好，目前各场对受损林木的清理进度还较缓慢，当务之急尽快组织生产，加快清理进度，特别是列入今年造林恢复的山场，要尽早清理完，确保今年恢复到位。

八是要加强林政管理工作，目前大部分受损林木还没有清理下山，各单位要加强管护，指定专人负责，逐块山场责任落实到人，确保林区稳定。

各位代表、同志们！新的目标已经确立，让我们在新的一年里，乘着奥运年的吉祥与祝福，落实科学发展观，发扬"努力超越、追求卓越"的企业精神，坚定信心，扎实工作。为全面完成今年的各项工作目标，推进企业又好又快发展而努力奋斗。

最后，祝各位代表工作顺利，平安健康！

谢谢大家！

××县林业工业公司
二〇〇八年×月×日

范例3 阶段工作总结

××街道经济普查4~5月工作总结

经济普查是我国普查制度改革后进行的第一次国情国力调查,搞好××市××区第一次经济普查对我区国民经济和社会发展有着十分重要的意义。

一、建立健全经济普查工作组织机构

××街道工委办事处对经济普查给予高度重视,为了保证经济普查工作各阶段任务能够顺利、快捷、准确、保质完成,建立了街道、社区居委会两级普查领导机构。××街道成立了以办事处主任×××同志任组长,武装部部长兼综治办主任××同志任副组长。××街道各主要科室的19名科级干部任成员的经济普查领导小组。领导小组下设经济普查办公室,办公室主任由领导小组成员××街道办事处办公室主任张××同志兼任,办公室由6人组成,分工明确,并配置电脑2台,专用电话1部。

我街道在22个社区居委会普查区全部成立了以社区居委会主任为组长的经济普查领导小组,由组长担任普查指导员,全面负责本普查区的普查工作。××街道两级普查领导机构的建成,为经济普查工作的深入展开打下了坚实的基础。

二、做好战前动员、培训骨干力量

××××年×月×日我街道召开了"××街道经济普查第一次工作大会",22个社区居委会主任、书记参加了会议。会上吴继东主任作了经济普查工作动员,要求各社区居委会要翔实、准确、高标准地做好××区第一次全国经济普查工作。会上还对边界划分、普查区示意图绘制进行了培训,并要求各普查区严格按照区普查办的工作进度表和技术要求按时完成边界划分和绘图工作。

三、普查区勘界、绘图工作基本完成

经济普查工作的要点是保证普查对象的不重不漏,做好区域划分,边界勘察十分重要。我们在5月下旬通过多种方式与相邻的×××乡、×××街道和××街道,对普查区边界和普查区域,进行了确认。我们会同×××乡经济普查办公室的同志到相互交叉的×××村和×××社区居委会进行实地勘察，依照街、乡地图对双方应负责普查的×××和×××村的周边区域进行了划分确认并达成一致共识，于××××年×月×日签定了"××街道和×××乡第一次全国经济普查区域划分协议书"。我街道的22个社区居委会普查区的边界已划分清楚并确定，普查区绘图工作已基本完成。

4~5月我们向区普查办报送信息3份、简报1期，并报送《×××××区第一次全国经济普查××街道地图》2份。××街道经济普查工作按照区普查办的工作部署按时完成了各项工作。

××街道×××
二〇××年×月×日

范例 4　个人工作总结

环保局开发处干部个人工作总结

机构改革后，我到开发处工作，一年来，在局领导和处长的领导下，圆满地完成了本职工作，现将主要工作汇报如下：

一、认真学习了邓小平理论、"三个代表"的重要思想、十六大精神和环保法律、法规。不断充实自己，提高自身的理论水平和专业知识。

二、参加市联审中心环保审批工作。参加建设项目现场踏勘、检查60余次；联审窗口及处内接待咨询工作100人次；受理建设项目报件50余份。

三、参与审查建设项目环境影响报告书(表)、登记表，起草审批意见。

四、参加建设项目环保验收工作。

五、完成全市建设项目环保十佳工程申报工作。

六、指导七区建设项目管理工作，督促各区环保局按时上报建设项目月报表，对建设项目进行跟踪管理。

七、完成提案答复工作6件。

八、负责道里区、动力区建设项目"两项制度"执法检查工作,对违反"两项制度"的单位进行处罚。

九、负责烟尘污染专项检查工作。对香坊区限期治理单位进行检查、督办。

十、积极宣传环保法律、法规,为企业和环评单位做好服务,发放各种法规、标准、服务指南、办事程序、环评单位名单。

十一、与民政局协调社区企业环保审批事宜。

××环保局×××

××××年×月×日

第四节　工作简报

撰写要领

一、简报的概述

简报是党政机关、企事业单位、社会团体为及时反映情况、汇报工作、交流经验、揭示问题而编发的一种内部文件。

简报的种类繁多，按照不同的分类标准，可以划分为很多不同类型。按时间划分，简报可分为定期简报和不定期简报；接发送范围划分，有供领导阅读的内部简报，也有发送较多、阅读范围较广的普发性简报；按内容划分，简报可以分为工作简报、会议简报、科技简报、动态简报等等。

二、简报的特点

简报具有一般报纸新闻性的特点，这是共性。但它又有本身的特点，主要是：

（一）内容专业性强

公开发行的报纸，一般是综合性的，内容广泛，各方面的新闻都有，政治经济文化、工农商各行各业、城市乡村、国内国外的新闻等；除了新闻，还有文艺作品。这样，它就能满足各阶层读者的需要，有宣传政策、沟通信息、传播知识和陶冶性情等多方面的作用。简报就有所不同，它一般由有关单位、部门主办，专业性十分明显。如《人口普查简报》、《计划生育简报》、《水利工程简报》、《招生简报》等等，分别由主办单位组织专人撰写，传递该项工作的各种信息，包括情况、经验、问题和对策等，一般性的东西少说，无关的东西不说，专业性的东西多说。

这样,对一般读者来说,能使他们了解工作的进展情况,增强责任感。对领导机关来说,各级领导接到这样的简报,掌握了情况,对问题就有办法处置了。

(二)篇幅特别简短

虽然所有报纸篇幅都有限,文章都较简短,但比较起来,公开发行的大报,一般都有4版,有4万多字;地方小报,每期也有2万多字。简报姓"简",简,是它区别于其他报刊的最显著的特点。一期简报甚至只登一篇文章,几段信息,或一期几篇文章,总共一两千字,长的也不过三五千字,读者可以用很短的时间把它读完,适应现代快节奏工作的需要。简报的语言必须简明精炼。

(三)限于内部交流

一般报纸面向全社会,内容是公开的,没有保密要求,读者越多越好,正因为如此,它除了新闻性外,还要求有知识性和趣味性。简报则不同,它一般在编发机关管辖范围内各单位之间交流,不宜甚至不能公开传播,特别是涉外机关和专政机关主办的简报更是如此。有的简报,往往是专给某一级领导人看的。有一定的保密要求,不能任意扩大阅读范围。

三、简报的分类

简报的种类很多,从时间上分,有定期和不定期两种;按阅读范围分,有只送领导机关或领导人传阅、同时发送上下左右机关传阅、内部传阅几种;按内容性质分,则可分为情况简报、会议简报、专题简报等。

四、简报的写作格式

(一)标题

简报的标题可分为双标题和单标题两种类型。

1.双标题。双标题有两种情况:

一是正题前面加引题。如:

尽责社会完善自己

华东师大团委开展"把知识献给人民"的活动

前一个标题是引题,指出作用和意义,后一个标题是正题,概括主要内容。

二是正题后面加副题。如:

再展宏图创全国一流市场

——××农贸市场荣获市信誉市场称号

前一个标题是正题,概括事实的性质,后一个标题是副题,补充叙述基本事实。

2.单标题。将报道的核心事实或其主要意义概括为一句话作为标题,标题中间可以用空格的方式表示间隔,也可以加标点符号。

(二)正文

简报的正文由导语、主体、结尾三部分构成。

1.导语。导语的具体写法可根据主题需要,分别采用叙述式、描写式、提问式、结论式等几种形式。用概括叙述的方法介绍简报的主要内容,叫做叙述式。把简报里的主要事实或某个有意义的侧面加以形象的描写,以引起读者的阅读兴趣,叫做描写式。把简报反映的主要问题用设问的形式提出来,以引起读者的思考,叫做提问式。先将结论用一两句话在开头点出来,然后在主体部分再作必要的解释和说明,叫做结论式。这几种导语形式,各有所长,写作时可根据稿件特点选择运用。

2.主体。主体是简报的主要部分,它的任务是用足够的、典型的、富有说服力的材料把导语的内容加以具体化,用材料来说明观点。写好主体是编好简报的关键。

主体的层次安排有"纵式"和"横式"两种形态。纵式结构按事件发生、发展的时间顺序来安排材料,横式结构按事理分类的顺序安排材料。如果内容比较丰富,各层可加小标题。

3.结尾。简报要不要结尾,因内容而定。事情比较单一,篇幅比较短小的,可以不单写结尾,主体部分话说完就结束,干净利落。事情比较复杂,内容较多的,可以写个结尾,对全文作一个小结,以加深读者印象。有些带有连续性的简报,为了引起人们注意事态的发展,可用一句交代性的话语作为结束,如"对事情的发展我们将继续报告"、"处理结果我们将在下期报告"等。

经典范文

范例 1　情况简报

紧密联系工作实际，力推教育科研发展

为了强化加快发展意识、改革创新意识，将科学发展观的学习与教育科学研究工作有机结合，从而有效服务教育教学实际，进一步提升我市教育教学质量，市教科所近期组织了贯彻落实高三"二诊"分析会精神专项督查视导和邀请全国著名教育教学专家来宜进行"科学学习方法"报告会。

4月10~15日，由市教科所高中学校定点联系教研员牵头，抽调市内部分骨干教师组成的专项督查视导组，对我市11所国家和省级示范性普通高中学校进行了专项督查视导。

本着"寻问题、找差距、添措施"的思路，各视导组通过座谈、听课、查看原始资料等多种形式，围绕学校贯彻落实高三"二诊"分析会精神，重点抓"线周围生"的措施，加强后期管理等开展了工作。

4月17日，xx市教科所特邀"科学学习法"研究专家李xx先生来我市举办报告会。本次报告会在xx市四中多媒体阶梯教室进行，教科所高中学科教研员和全市各主要学校的领导和部分教师聆听了本次讲座。

李先生的讲座既有通识性的方法介绍，又有结合学科特色的具体方法运用介绍。听过讲座后，参会人员都感到收获很大，不仅对教法有了更深入的理解，而且对平时教育教学中比较薄弱的学法有了新的理解和领悟。

视导和报告会得到了所领导的高度重视，党支部书记罗xx同志对两次活动的开展进行了周密布置和安排,对参加人员指出了明确目标,提出了严格要求。在这两项活动中,各参加人员加强了沟通、交流,对提高教育科研能力,,增强全市各校高三后期复习备考的针对性、有效性起了积极的推动作用。

市教育局学习实践活动领导小组办公室
××××年×月×日

范例2 会议简报

××市政协第二届委员会第一次会议简报

××××年×月×日下午,备受全市各族人民和各界人士关注的中国人民政治协商会议××市第二届委员会第一次会议在××市影剧院隆重开幕。

大会应到会委员345人,实到委员332人,符合规定人数。

大会会场庄严朴实,主席台上方悬挂的人民政协会徽熠熠生辉,两侧10面红旗鲜艳夺目,簇拥在主席台前的鲜花竞相开放。"忠实践行科学发展观,为建设富裕文明开放和谐××而努力奋斗"的横幅格外醒目。代表了××市各族各界的委员们肩负历史使命,精神饱满、情绪昂扬地准时进入会场。

15时整,会议在雄壮的国歌声中开幕。

×××、×××、××等领导同志在主席台前排就座。

×××、×××等领导同志在主席台就座。

本次大会主席团执行主席是×××、×××……

开幕式由大会主席团执行主席×××同志主持。

会议听取了一届市政协主席×××所作的《中国人民政治协商会议××市第一届委员会常务委员会工作报告》;听取了一届市政协副主席×××所作的《中国人民政治协商会议××市第一届委员会常务委员会关于提案工作情况的报告》。

《中国人民政治协商会议××市第一届委员会常务委员会工作报告》共分两大部分。一是对过去五年工作的回顾;二是对今后工作的建议。

《报告》从五个方面回顾了市政协一届委员会常务委员会五年来的工作情况。一是围绕中心，致力促进全市经济社会科学发展。市政协常委会围绕全市发展大局，在服务发展中主动融入，在推动发展中发挥作用，在参与发展中有所作为，为××经济社会又好又快发展做了大量工作。二是开拓创新，着力提高政协履职成效。市政协常委会立足政协自身的条件和特点，不断拓展思路，探索工作的有效形式，提升履行职能成效。三是凝心聚力，为构建和谐××贡献力量。市政协常委会坚持把团结、民主两大主题体现在履行职能的各项活动中，贯穿于政协工作的全过程，努力增强团结合作，充分发挥整体优势，积极营造和衷共济的氛围。四是增强合力，积极发挥政协整体作用。市政协常委会高度重视加强政协基础工作，充分发挥委员的主体作用、专门委员会的基础作用，政协整体作用得到了较好发挥。五是积极进取，不断加强自身建设。市政协常委会按照建设"学习型、创新型、服务型"机关要求，不断加强思想、制度和作风建设，努力提升政协工作的整体水平。

《报告》总结了一届市政协在市委的坚强领导下，坚持在继承中创新、在开拓中前进，积极探索和实践做好政协工作的新途径、新方法。积累了一些经验，为推进我市政协事业的发展提供了值得借鉴的启示：第一，必须强化核心意识，始终坚持党的领导，政协工作才能保证正确的方向，形成良好的工作格局；第二，必须强化发展意识，忠实践行科学发展观，政协工作才能在服务大局、推动改革发展中有更大作为；第三，必须强化大局意识，主动参与建设，政协工作才能体现自身应有的价值，发挥更大的作用；第四，必须强化民本意识，坚持把实现和维护最广大人民的根本利益作为政协工作的出发点和落脚点，政协工作才能始终保持旺盛的生机与活力；第五，必须强化创新意识。坚持继承中发展、创新中前进，政协工作才能更好地体现时代性、把握规律性、富于创造性；第六，必须强化政协的整体意识，加强对政协工作的联系和指导，上下联动，政协工作才能形成整体的合力。

《报告》指出：今后五年，是全面贯彻落实中共十七大精神，夺取全面建设小康社会新胜利的关键时期，也是我市加快发展的重要时期。人民政协要高举中国特色社会主义伟大旗帜，以邓小平理论和"三个代表"重要思想为指导，深入学习和实践科学发展观,牢牢把握团结、民主两大主题,围绕市委、市政府的工作中心,切实履行政治协商、民主监督、参政议政职能,为开创人民政协工作的新局面,为促进富裕和谐××作出新贡献。

《报告》建议:新一届政协工作,要始终坚持理论武装,着力夯实履职思想基础;始终坚持科学发展,着力推进富裕××建设;始终坚持履职为民,着力促进民生改善;始终坚持团结民主,着力推进和谐××建设;始终坚持与时俱进,着力加强政协自身建设。

《报告》号召:全体委员要紧密地团结在以胡锦涛同志为总书记的中共中央周围,在中共××市委的坚强领导下,解放思想,开拓进取,扎实工作,不断开创政协工作新局面,为全面建设富裕和谐××,谱写××发展的新篇章而努力奋斗!

《中国人民政治协商会议××市第一届委员会常务委员会关于提案工作情况的报告》总结了市政协一届一次会议以来的提案工作。五年来,××市政协共收到提案765件,立案733件,通过各承办单位的扎实工作已全部办复完毕。提案涉及经济建设方面380件;涉及科教文卫方面191件;涉及党群政法民族宗教方面162件。提案中的许多意见和建议,为市委、市政府决策民主化、科学化提供了参考,为推进××市改革开放和现代化建设作出了积极贡献。

驻××省政协委员,各民主党派、工商联、人民团体负责人,市直各部门、各单位、中央和省驻××单位、驻××军警部队的主要领导和列席人员,市政协机关副处级以上干部,原市政协副处级以上离退休干部列席了会议。会议还邀请了15名公民代表旁听了会议。

××市政协委员会

××××年×月×日

范例 3 专题简报

教育技术简报 ××省电化教育馆 第六期 ××××年×月×日

我省教育技术论文和课件在全国获奖

随着现代教育技术的飞速发展,现代教育技术与各学科的整合已成为当前我国中小学教学改革的重要内容。为总结"九五"期间各地教育技术研究取得的成果,交流广大中小学教师在现代教育思想指导下,运用现代教育技术,构建新型教学模式的成功经验,从而推动教育技术的深入持续发展,中央电化教育馆和有关部门组织了全国性的各类优秀论文、教案、课件等评选。由我省电化教育馆选送获奖的项目有:

1.在"第五届CIETE全国多媒体教育软件大奖赛"中,××市第三中学制作的《光学天地》和××市四中制作的《离子晶体结构的认识及应用》获基础教育组三等奖。××市一中制作的《美国英语》和××师大教育技术系制作的《蝴蝶王国》获基础教育组优秀奖。××理工大学制作的《广告在中西文化上的异同》获职教和高等教育组三等奖。

2.在全国现代教育技术实验学校"优秀计算机课件和优秀论文"评选中,××市一中××老师制作的课件《简谐振动》获二等奖;××市一中××老师的论文《改革课堂教学模式,探索现代教育技术应用》获二等奖。同时,××一中、××小学在教育部确认的"首批(433所)全国现代教育技术实验学校"的评估检查中,作为"中期评估成果突出学校"受到全国中小学现代教育技术实验领导小组办公室的表彰。

3.在中央电化教育馆举办的"多媒体环境下优秀教学设计方案"评选中,××一小××老师的教案《面积和面积单位》获奖。

第五节　工作要点

撰写要领

一、工作要点的概述

工作要点是一种计划性公文,是为了实现某一工作目的,对计划所要做的具体工作及其步骤、方法等方面提示出主要之点的一种文体。在很多时候,要点大多数是上级机关某项大的工作计划的摘要,要以文件形式下发。

和工作计划相比,工作要点有些像计划的提纲,比工作计划更概括、更简要。

二、工作要点的写作格式

工作要点通常由标题和正文两部分构成。

(一)标题

工作要点的标题包括发文机关、事由和文种类别三要素。有时,标题中要写发文机关或将落款用题下标示的办法标明。由于工作要点属计划性文件,所以,标题中的事由部分,一定要标明年度、季度与月份。

(二)正文

工作要点的正文,一般分为两部分。第一部分用一段或两段文字写明某一段时间工作的"总的目标"或"总的要求";第二部分分条目列出主要的任务措施和办法等。

工作要点的正文之后,由于标题和题下标示已标明发文机关和发文日期,一般均不要再有落款。但下级基层单位的工作要点有时并不在标题和题下标示发文机关和发文日期,而在正文右下方列出。

要点即计划的主要之点,所以简明扼要、少过渡、少具体细节和议论说明,是基本的写作要求。

经典范文

范例 1　年度工作要点

2008 年度工作要点

区委、区政府并市科协:

　　2008 年科协工作指导思想和总体要求是:在区委、区政府的领导和市科协的具体指导下,高举中国特色社会主义的伟大旗帜,以党的十七大精神为指导,全面贯彻落实××市科技和科普大会精神,围绕科普工作中心任务,切实履行党和政府联系科技工作者的桥梁纽带职责,强化服务意识、增强服务能力,深入宣传贯彻、落实《科普法》和《全民科学素质行动计划纲要》,进一步实施"科教兴区"、"人才强区"和"可持续发展"三大战略;不断开拓工作思路、创新工作方式、完善工作机制,大力推动科技进步和科技创新。为全区经济社会全面、协调和可持续发展而努力奋斗。

　　一、科普工作

　　1.围绕贯彻落实科学发展观,全面贯彻落实××市科技科普大会精神。进一步落实"三服务一加强"工作方针,认真实施《科普法》和《全民科学素质行动计划纲要》,相应出台《××市××区全民科学素质行动计划纲要》实施方案,不断提高认识,理清思路,抢抓机遇,最大限度地调动科技人员的积极性,发挥大团体功能和主力军的作用,结合全区实际,在积极搞好科普宣传培训的基础上,努力营造崇尚科学、追求知识、科技致富、文明生活的良好社会风尚。

2.深入开展第十六届"科技之春"宣传月活动和第四届全国科普活动日。这些辐射强、传播快、受益面广的公益性科技、科普活动是我们必须搞好的大型品牌宣传活动,要将具体活动细化、量化,认真做好组织协调工作。协调各成员部门抓住时机、发挥优势,积极组织动员科技工作者和有关业务人员,深入开展科技、文化、卫生"三下乡"活动。计划活动期间安排重点示范活动30多项,组织800多名科技人员深入城镇街头和乡村广泛开展宣传、培训和示范等活动。通过举办"科普进社区"、"科普广场"、"科技赶大集"等活动,使宣传月活动开展得既有声势又有实效。

3.组织实施"科普惠农兴村计划"创建工程。今年要把工作重点更多地放在围绕农业增效、农民增收和加快发展农村经济上来,根据中央、省、市科协对农村科普工作的新要求,建设一批规模大、效益好、示范带动作用强的示范乡、村、户及基地,重点要将科普活动站、科普宣传栏、科普员的建设工作摆在突出位置,抓紧抓实,抓出成效。要充分发挥乡镇科普协会的作用,认真探索科普工作社会化、市场化的运行途径,计划全年建设科普活动站30个、科普宣传栏30处,发展科普员30人,并按照要求,实行严格的项目化管理,力求在农村经济发展、产业结构调整、农民增产增收中发挥重要作用,积极配合市科协搞好"科普惠农兴村计划",培养一批辐射带动作用强的农技协、农村科普示范基地和农村科普带头人。

4.开拓创新,坚持不懈地抓好科普示范基地和科普网络载体的建设。各科普示范乡镇、村、户要认真总结创建工作,巩固现有的创建成果,在此基础上,要根据中央、省、市科协对农村科普工作的新要求,切实加大农村科普工作能力建设力度,建设一批规模大、效益好、示范带动作用强的示范乡镇、村、户及基地,今年,要继续抓好镇川镇、鱼河镇、牛家梁镇、金鸡滩镇、小壕兔乡、贫河则乡和崇文路街道办事处的科普示范基地和科普文明社区的创建和巩固工作。在城区要以"四进社区"为载体,加大科普长廊建设,以创建科普文明示范社区为突破口,打开城区科普工作新局面。

5.因地制宜,结合社会主义新农村建设,积极开展农村实用技术培训工作。

广泛宣传、积极引导，抓好农函大、农职评、农技协工作，新组建农技协2个，推荐上报20名农民的技术职称评定，招收40名农函大学员。针对我区主导产业充分发挥新时期的新型农村经济合作组织在市场经济中的作用，以市科协编写的《农村实用技术系列丛书》为主要内容，充分发挥"普及科学技术宣讲团"的作用，并争取和组织部出台《××区2007~2010年农村基层党员干部培训规划》，继续会同有关部门，搞好对农村党员干部的培训，与人事劳动社会保障局办好对农民工外出务工相关知识和技术培训。同时，重点抓好家电、建筑、民营科技企业和农村妇女的农民技术职称的评定工作，为农民增收奔小康、外出务工创造必要条件。

6.围绕素质教育和思想道德教育，加强青少年科普教育工作，要把对广大青少年的科技教育纳入科协整体工作计划，充分发挥青少年科技辅导协会的作用，指导和协助各中小学开展好各类科技教育活动。会同区教育局、科技局、环保局举办好"第二十三届全国青少年科技创新大赛"，把"青少年科技创新大赛"、"智力七巧板"、"电脑机器人竞赛"和"科技夏(冬)令营"等活动推广到农村学校，普及到农村青少年当中去，计划举办青少年科技辅导员培训2次，要在青少年科技教育示范基地的创建上多下功夫，充分发挥示范辐射的带动作用。8月份准备举办一次城乡青少年"结对子，手拉手"科技传播活动，要不断提高和扩大这些科技活动的覆盖面和影响力，力求科教活动形式多、内容新、效果好，使我区的青少年科技教育工作在全市继续保持领先地位。

二、学会及其他工作

1.大力宣传我区的优秀科技人才和有突出贡献科技人员的业绩，配合市科协认真做好"第四届青年科技奖"评选和"第四届科技成果调研奖"评选活动。2008年要将宣传科技工作者的业绩与选拔推荐优秀科技工作者相结合，争取区委、区政府表彰奖励一批为我区作出突出贡献的科技科普工作者，激励更多的科技人员投身到构建和谐社会的伟大事业中去。

2.开展科普信息平台建设工作，做好优秀科普作品的评选和宣传工作。认真总结科技、科普工作的成功经验，研究解决科普工作中遇到的问题和困难，不断开拓创新科普工作的新领域。继续办好《××科普网站》和《××报》的科普知识栏目,编写科普小知识、致富新技术,要给市科协宣教部撰写报送优秀科普作品5件以上,通过短信、科普资料、挂图等形式定期向农村、城区发布,多渠道搭建科普交流信息平台。为将丰富的科普工作实践上升为指导工作的理论经验奠定基础。

3.积极发挥科协的桥梁和纽带作用,发展科普事业,举荐优秀科技人才。及时向区委、区政府反映科技工作者的意见和建议;协助党和政府贯彻落实好知识分子政策;改善科技人员的工作环境和生活条件,维护科技人员的合法权益,全心全意为科技工作者服务。

4.大力开展学会组织的发展和整顿工作。指导和协助有关系统和乡镇、村组建专业技术协会,整顿健全原有协会,指导做好换届变更为法人组织。计划在九月份召开"全区学会工作会",不断增强学会的活力,增强科协的凝聚力,促使学会工作步入科学化、制度化的轨道。

5.广泛开展有针对性的科技论坛和学术研讨会,计划全年结合主导产业,组织开展发展产业研讨会1~2次,同时,在做好科技工作者状况调查的基础上,建立"科协专家人才库",积极组织科技人员对内、对外相互交流,互通有无,以交流促发展。

三、自身建设

1.认真贯彻中共××市委、××市人民政府《关于进一步加强新时期科协工作意见》的决定,全面落实科技科普大会提出的奋斗目标和主要任务,按照区委和市科协的要求,制定科普工作规划,使科协进入一个全新的发展阶段。

2.以创建五型机关和"双创"工作为主线,使科协部门的自身建设得到长足的发展。要大力提升全国科普示范县(区)的示范带动能力,继续保持省、市科普工作先进集体的荣誉,再创一流业绩。健全和完善各种规章制度,继续搞好科协部门的党风廉政、党务工作、作风形象、激励机制和岗位职责建设,不断提升服务质量和服务水平,培养一支廉洁高效的干部队伍,不断增强科协的生机和活力,发扬艰苦奋斗、勤俭办事的优良传统作风,保持廉洁、务实、创新、奋进的部门形象。

3.努力完成区委、区政府所分配的各项工作任务。竭尽全力搞好社会主义新

农村和联户开发主导产业工作。在争取资金投入,大力发展科技、科普事业,注重开发科技扶贫方面做好文章,培植和提高农民群众依靠科技脱贫致富的意识,不断开拓科技致富和科技兴农的新途径。

××区科学技术协会

二〇××年×月×日

第六节　工作经验介绍

撰写要领

一、经验介绍的概述

经验介绍是总结、交流、推广各种经验时所写的文字材料。它不是正式文件,但在公务活动中,也有一定的指导作用,是一种参考性文件。

二、经验介绍的特点

(一)典型性

即代表性,表明总结、交流和推广的经验,具有一定典型意义和普遍指导作用,可供同类单位、人员学习和借鉴。

(二)经验性

即抓住突出特点,总结出带有本质和规律性的东西,而不是把那些表面的、偶然的和孤立的现象交给人们。

(三)观点和材料的统一性

即总结的经验,观点要明确、集中、突出,材料要生动、具体、真实,而且必须做到观点和材料高度统一。

三、经验介绍的基本类型

(一)偏重于提炼工作经验,一般按问题分类,即按照逻辑原则分类,用材料说明经验。

(二)偏重于介绍先进事迹,把经验寓于事迹之中。

(三)虽偏重于介绍事迹,在这方面花较多的笔墨,但也要归纳出若干经验,

可以说是经验和事迹并重。

四、经验介绍的写作格式

经验介绍的格式由标题、署名、正文和时间组成。

(一)标题

大体有两种写法。一是公文标题法;二是一般文章标题法。

(二)署名

在标题下方,署上单位或个人的名字。

(三)正文

经验介绍的正文在写法上比较灵活,没有固定格式。开头一般介绍基本情况、工作成效或提出问题,并略加阐发。主体介绍基本经验,往往从提高认识、加强领导、发动群众、掌握政策、注意方法、正确处理好各种关系等方面入手,进行总结。这是写单位或集体经验时,带有规律性的写法。结语一般写存在的问题或不足之处,展望未来,有时写几句谦虚的话。开头和结语应力戒重复,如开头写基本情况,结语就要写取得的成效,开头提出问题,结语则是解决问题。

(四)时间

正文之后注明经验材料的写作时间。

经典范文

范例1 经验介绍

做好无线电台工作的几点做法
××县人民银行无线电台站

上半年,我行无线电台站认真贯彻落实有关文件精神,对电台精心使用和保养,电台使用率有显著提高,机器完好率一直保持在100%,从而保证了我行与分行、各县支行之间的联络畅通,节省了电话费用,提高了办事效率,较好地完成了通信联络任务。我们的具体做法是:

一、加强组织领导。我行电台室由党组书记、行长××兼业务主管,由办公室主任×××直接负责。行里无线电台工作列入议事日程和目标管理,有关电台文件由办公室签发意见,主管行长直接批文。行长、主任经常深入电台过问工作情况,帮助解决电台、机房建设、电台用电等问题,并多次了解电台管理的有关事宜。多次在行务会上强调,辖区内联系务必用无线电台,特殊情况用长途电话需经主任审批。

二、加强制度建设。为了使电台逐步走上正轨,我行电台室结合本行的实际情况于今年春天重新制定了《无线电台站值班制度》、《电台人员通信保密制度》、《电台工作间制度》,将这些制度公布出来,挂在墙上,落实在行动上。重申了防火、防盗、防腐蚀、防人为破坏的具体措施,做到了不得带火种及易燃易爆物品进入工作间(防火)、操作员单身宿舍挪到机房隔壁(防盗)、严禁带硫酸等腐蚀性药品(防腐)和严禁无关人员进入工作间(防人为破坏)。与此同时,进一步完善了目标管理责任制、电台工作考核程序,从而使电台管理制度化、规范化。

三、充分发挥电台的作用。本着"精心使用,预防为主"的原则,我们配置了专柜放置机器,每天打扫、拖洗工作间,经常保持机器整洁,做到无灰尘、无碰撞、无腐蚀、无火害,从而使机器完好率保持在100%。在此基础上,行里坚持了抽查考勤制度,电台室坚持按时开关机,认真填写电台电话记录。保证迅速准确地联络,行里制定具体规则,要求辖区内事情能用无线电台联系的不挂长途,从而使电话费降到最低限度,减少不必要的支出。据无线电话记录本统计,通过电台与分行及各县市之间的联系,平均每天有两次。今年上半年节约电话费用上千元,受到二级分行通报表扬。

××县人民银行无线电台站×××
××××年×月×日

第七节 大事记

撰写要领

一、大事记的概述

大事记是各级党政机关、人民团体、企事业单位用来记载一定历史时期内发生的重要事件的历史资料性的特殊文体。

大事记是按时间顺序,简要、系统地记录本机关和本单位主要活动的文字资料,它有利于日后总结经验教训,了解本单位的发展历史。

二、大事记的写作格式

(一)标题

大事记的标题应标明年(季、月)度、内容、文种类别。也可以只标明年(季、月)度和文种,或者标明机关单位、年(季、月)度和文种。

(二)正文

正文一般分条记叙,每条独立一段,先标明具体年、月、日,然后记下当日发生的大事。

(三)大事记的写作要求

大事记与其他文件的写作不同,它一般不是一次起草而成,而是一个积累的过程。各单位的大事记可以作为某系统或上级单位编辑整理大事记参考之用。

大事记一般主要记录本机关的组织变动情况、重要会议、上级机关的领导活动、本机关组织的主要活动等,要求提纲挈领、文字简洁、真实准确。

经典范文

范例 1　单位大事记

2007年单位大事记

4月11日至13日全省茧丝绸产业经验交流会在我县成功召开。92个县、16个地州市、厅局领导及相关人员400余人参会，会议的成功召开，对消除"8·18"对我县的负面影响，提升xx蚕桑产地大县的影响力和美誉度起到了极大的促进作用，会议经济效应十分明显。

4月19日据x经合发[2007]25号文件，xx县被列为xx省10个重点招商引资推进县之一，是xx州唯一获此荣誉的一个县。

6月7日县委常委、副县长xx、县商务局局长xxx随xx州经贸代表团赴xx省xx市参加第四届"x洽会"，开展招商引资推介洽谈活动。

7月7日国家商务部市场运行调节司副司长、国家茧丝绸办副主任xxx代表商务部到xx县调研"东桑西移"工程和茧丝绸产业。

8月15日据x商规[2007]43号文件，xx县被列为xx省10个"双十出口基地"县之一，进出口实绩首次位居全州第一。

11月22日xxx县长赴香港参加"xx—香港推介团"招商活动，县人民政府与香港中国国际联合速递有限公司签订了投资2亿元建设xx县物流中心项目协议，香港xx发展有限公司和我县xx公司合作投资3亿元在xx和xx两地新建电解锌生产线项目。

12月18日xx县委、政府x发[2007]35号文件《关于进一步完善招商引资工作的决定》文件出台，指出要进一步优化投资环境，扩大对外开放，积极鼓励和吸引县内外投资者到xx投资创业，促进全县经济又快又好发展。

第八节　邀请信、出访请示

撰写要领

一、邀请信的概述

邀请信,即邀请函,顾名思义,就是国际交往中,邀请他国领导人、代表团或个人到本国进行各种不同访问的外交函件。邀请信不但是一份正式的或官方邀请对方来访的信件,亦代表一种礼仪,一份办理护照和签证手续的凭证。

二、邀请信的写作格式

作为地方一级的邀请函件,它除了没有国家一级的邀请函需带标题外,应包括上款、正文、下款三部分。

(一)上款

写收函人的地址、职务、姓名、尊称。在邀请国外的客人来访时,常常要将函件翻译成外文发出。英文邀请函件的上款写法与中文邀请函的写法略有不同,通常是先写日期,然后按姓名、职务、地址顺序写,最后在正文前还需写上尊称。如"尊敬的×××省长(主席)"。

(二)正文

一般写邀请原因、被邀请人,于何时进行何种活动。文中亦可酌情写双方的交往、传统友谊以增强访问的重要性。措词应得体、委婉、礼貌,给对方一种热情好客、受欢迎的感觉。

(三)下款

写发函人的签署及职务。中文邀请函还需注明发函时间、地点。

被邀请方收到邀请函后,如能应邀出访,则皆大欢喜。如因某种原因不能成行或推迟访问的,可致函向邀请方表示歉意。

三、出访请示的概念

出访请示是国家企事业单位或中外经营企业的中方人员办理因公出访任务审批的文书,是下级机关向上级机关请求指示的公文。

出访请示的主要内容包括:

(一)出访目的和任务。

(二)前往国家与地区,以及途经国家或地区。

(三)出访时间及在外停留时间。

(四)出访人员名单,包括姓名、性别、年龄、工作单位、职务或职称。

(五)外国或境外邀请单位名称。

(六)费用来源。

四、出访请示的写作要点

(一)理由要充分。出访请示是必须由有权审批的上级机关批准的事项,出访理由必须充分,目的必须明确,体现出出访的必要性、重要性和迫切性。

(二)坚持逐级请示。因公出访人员的审批权限有明确的规定,对必须逐级审批的出访应按隶属关系逐级进行,不能越级。

(三)行文语气应谦恭。

经典范文

范例 1　论坛邀请信

2006 年××首届财务管理高层论坛邀请函

尊敬的先生／女士：

　　您好！由××大学金融研究所举办，××××财务顾问有限公司&CFO俱乐部承办的"2006年××首届财务管理高层论坛"将于6月24日在××召开，本次论坛旨在营造财务领域的高层管理创新的环境和氛围，为高层财务管理人员们搭建一个交流沟通、互相学习的平台，共同推动财务高层管理的发展！

　　在这里你将有机会：

　　了解知名企业的财务经典案例；

　　解决企业在融资等金融道路上遭遇的问题和困惑；

　　结交更多具有创新思想的财务领域的朋友，获得更多的商机和资源；

　　领略财务高层领袖的睿智，共同分享财务管理思想的盛宴。

　　"激情碰撞、智慧交流、明辨善思、决胜千里"——"2006年××首届财务管理高层论坛"竭诚欢迎您的到来！

××财务顾问有限公司&CFO俱乐部
二〇〇六年五月十六日

　　附：日程安排(拟)，参会回执，共三页。(略)

范例 2　招标邀请信

××股份信息管理集成系统财务管理与项目管理招标邀请函

贵公司：

　　根据××工程股份有限公司的需要，招标单位向贵单位发出招标邀请，拟邀请贵单位参加"××股份信息管理集成系统——财务管理与项目管理"的投标。如贵公司接受邀请，请贵单位于2006年1月19日至2006年1月26日按如下要求前来领取招标文件且缴纳相关费用，如未按照要求前来办理有关投标手续的单位将被视为放弃投标的权利。

　　1.法人代表授权委托书（一份）、企业营业执照复印件（一份）、受托人的居民身份证复印件（一份）。

　　2.招标文件每份收取工本费人民币贰佰元整。

　　办理地点：××市××路118号201室

　　联系人：×××电话：××××××××

　　招标方：××工程股份有限公司

××工程股份有限公司
二〇〇六年一月十八日

附件（略）

范例3　出访请示

出访请示

××省教育委员会：

　　关于××省中医学院代表团赴泰国孔敬大学，商谈两校在内科学、神经学等方面的学术交流事宜，并续签两校20××年以后的交流协议一事，经研究，我委同意××省中医学院派出以×××副院长（男，56岁，副教授）为团长的一行6人代表团（名单附后）赴泰国孔敬大学访问，时间从20××年×月×日至×日，在外停留××天。我中医学院代表团往返国际旅费、公杂费及个人零用费等由学院负担，在泰期间的食宿、交通等费用由邀请方支付。现将有关材料报上，请审批。

附件（抄送单位无附件）：

一、××省中医学院报告；

二、邀请信（中、英文各一份）；

三、访问日程安排；

四、政审批件及《因公出国（境）人员备案表》。

××市教育委员会

二〇××年×月×日

第九节 外事动态、外事总结

撰写要领

一、外事动态的概述

外事动态是外事部门向上级机关和有关涉外部门和单位反映最新外事情况、传递外事信息的一种文体。

二、外事动态的特点

外事动态具有明显的时间性,"快"是其重要特征,只有快才能及时让上级主管部门和有关单位掌握有关情况,以利于指导与之相关的外事工作。

三、外事动态的写作要点

鉴于外事动态及时、快捷的特点,写作时应注意内容上尽可能简明扼要,在短、快、准、新上下功夫。即文章篇幅短小、文字简洁;反映信息及时迅速;所述事情准确无误,数字、时间、地点、人名等都真实可靠,无"可能""也许"等之说。

四、外事总结的概述

外事总结是外事部门就其所从事的工作,分一定时限或单就某项工作作一番全面检查和回顾,系统地分析、总结得出规律性的结论或成功的经验和失败的教训,为今后工作作指导。这一类的书面文字材料通称为外事总结。

五、外事总结的写作格式

外事总结的写作格式包括标题、正文、结语和落款四个部分。

(一)标题。写总结的事项、时限。

(二)正文。写基本情况、经验体会、工作得失。

(三)结语。写今后的设想、计划和打算。

(四)落款。注明总结的单位和时间,上报的外事总结还应加盖公章。

六、外事总结的写作要点

外事总结的写作要突出实事求是的原则,所反映的事情必须充分、准确,所列举的事例具有一定的代表性。为了更直观地反映情况,应掌握准确的数字,以最大限度地增加总结的说服力。反映了客观的事情后,作者可以找出规律性的东西,将其上升为理论,以利于对今后的工作起指导作用。外事总结的写作还应体现出其用字准确、简明和生动的特点,避免笼统、含糊的词语和冗长、生涩的句子。

经典范文

范例 1　外事动态

××国一些医学机构借学术之名行营利之实

今年以来,××国一些医学机构如"××国××医学会"、"××国医学科学院"纷纷来函邀请我省大专院校老师和医院的专家赴××国参加各式各样的国际技术交流大会或医学产品展销会。这些医学机构一般都是先向国内索取医学论文,然后便来函通知论文已获专家通过,请申请人尽快将美元汇去,准备参加国际学术大会并宣读论文云云。这些通知还声明待钱汇到后再发出可以申办出国签证的邀请函件,如签证无法办理则退回90%的汇款。但是,××市人民医院一位医生去年签证被××国总领馆拒签后,一直未收到退款,而是收到对方的再次邀请。

这类医学机构的宣传手册一般都附有××国政府要员和地方州长等高级官

员的贺信和签名照片。有一定的吸引力。为慎重起见，我办分别与卫生部和国家中医药管理局联系，调查这些机构的背景。目前了解到的情况是：这些机构一般是大陆或××医生成立起来的，组织机构不大，人数亦很少。他们尽管组织过一些小型学术会议，但会议效果不好、质量很低，收费明显偏高，带有营利和安排旅游的目的。根据有关部门建议严格控制对这类学术会议的审批，原则上不必参加的精神，我办目前已对这类申请严格审查把关。

除上面所述两个医学机构外，"××国针灸推拿中医学学院"亦属于同一类型的机构。

×××省外事办公室
××××年×月×日

范例 2 外事总结

××招商会总结

今年 8 月 15 日至 19 日，×××招商会在新加坡隆重举行。这是进入 21 世纪我省首次在东南亚国家举办的大规模招商活动，亦是实施我省进一步对外开放、扩大利用外资的大动作。这些项目分布在我省 14 个地市，涉及交通、能源、原材料加工、机械、电子和轻纺工业以及农业综合开发等各个行业。招商会由××省人民政府主办，新加坡贸易发展局、中国驻新加坡大使馆、新加坡中华总商会、中国商会及厂商名誉赞助。

在短短的 5 天时间里，我省招商会取得了丰硕的成果：签订合同项目 52 项，总投资 2.64 亿美元，其中利用外资 1.59 亿美元；协议项目 36 项，总投资 9.99 亿美元，其中利用外资 6.32 亿美元；达成意向 31 项。在这次招商会上所签项目中，呈现出与我省去年两次香港招商会不同的特点：一是项目涉及面广。二是中小型、加工型项目较多，占总项目的 65%，有利于"短平快"迅速见效。三是合同项目占总项目的 46%，多于占总项目 27.7% 的协议项目，而协议项目又多于占总项目26%的意向项目，表明了此次招商会洽谈双方的务实态度。四是招商会上签订了一批重大项目的合同或协议，显现了从东南亚国家引进外资的良好前景。

对于我省招商会所取得的成果，×××各界人士和新闻传媒给予了高度的评价和较广泛的报道。×××资政在会见我省招商团时说，从他去年11月访问××省至今才9个月，××省便做了很多工作，组织项目前来招商，很不容易。×××厂商工会主席×××先生认为招商会很成功。中国驻×××大使说，今年以来，国内已有56个招商团到×××招商，××省团是举办很成功的几个招商团之一。×××的《联合早报》、《联合晚报》、电视台等新闻单位每天都对招商进展予以报道。

招商会取得成功，原因是多方面的，主要因素有：首先，前期工作做得较好，准备较细。其次，×××各方面给予了很好的配合和协调。第三，我省招商团到达××城后集中精力、全力以赴搞招商，各地市领导亲临会场"督战"。此外，去年×××内阁资政率领×××工商代表团访问考察我省，我省政府领导向×××资政一行介绍了我省改革开放和经济建设方面的进展情况，新加坡媒介竞相报道，新加坡工商界开始对我省予以关注，也是重要因素。

×××招商团的很多成员认为，招商会的成果远不止表现在签订了一批项目上，还有更具深远影响的方面：

×××招商会的成功，表明以"背靠大西南，面向东南亚"为发展战略的我省，在走向东南亚又迈出了有实质内容的可喜一步。

×××领导人和政府对××这次赴×××招商活动给予了高度的重视。内阁资政×××、×××总统×××、贸工部长×××、前副总理×××等，分别会见了招商会团长。

在招商会的几天里，前来洽谈并留下名片的来宾就达1100人，其中80%是新交，许多人都希望到×××实地考察。今后我们要加强对外宣传×××，要"走出去，请进来"，借助别人的"嘴"来宣传自己，加强对外宣传力度。省领导认为，这次招商会产生很好的影响，我们要好好利用这个"涟漪"效应，巩固和扩大与×××的经济合作，并通过×××客商带进各国资金，加速我省经济发展。

××省招商会代表团
××××年××月××日

第十节　备忘录、外事函电

撰写要领

一、备忘录的概述

这里所说的备忘录有两个含义：

（一）在外贸业务磋商过程中，参加洽谈的双方人员各自为了随时检查不致遗忘，把洽谈中的问题与对此问题的观点、见解作摘要记录，即所谓录以备忘式的文件，纯系己方使用，以便在必要时用以提醒与提示对方注意某个问题的见解，以利于洽谈的继续进行。

（二）在外贸业务洽谈时，经过初步的探询、讨论后写下的文件，记载双方达成的谅解与承诺，以界定双方责任，作为今后双方交易或合作的依据，或者作为进一步洽谈时的参考。

二、备忘录的写作格式

一般的备忘录写作格式如下：

（一）开头：包括发文机关名称、地址、发文日期、电报挂号等。

（二）收文人的姓名、职务（职称）、地址。

（三）称呼用语。

（四）事由。即文中的主要内容，置信笺正中，称呼用语前面。

（五）正文。

（六）结束语。

（七）署名。

三、外事函电的概述

外事函电指参与外事工作的国家机关、企事业单位为相互商洽业务、询问和答复问题，请求上级主管部门批准的公文。它具有在外事工作领域起指导、记载及凭证的作用。

四、外事函电的写作要点

外事函电与常用公文中的函电一样，写作时要言简意赅，措辞要质朴，并与本单位职权、身份相符；忌下笔离题万里，应开门见山，让人一读便得要领；要把握好写函分寸，严格区别公函与便函、公函与请示，不可混同使用。

经典范文

范例 1 备忘录

备 忘 录

中国××公司××分公司（简称甲方）与×国××公司（简称乙方）的代表，于××××年××月××日在中国×市就兴办合资项目进行初步协商，双方交换了意见，达成了谅解，双方的承诺如下：

一、依据双方的交谈，乙方同意就合资经营××项目进行投资，投资金额大约为×××万美元。投资方式待进一步磋商。甲方所用于投资的厂房、场地、机器设备的作价原则和办法，亦待进一步协商。

二、关于利润的分配原则，乙方认为自己的投入既有资金，又有技术，应该占60%~70%，甲方则认为应该按投资比例分成。此项没有取得一致意见。但乙方代表表示，利润分配比例愿意考虑甲方的意见，另定时间进行协商确定。

三、合资项目生产的××产品，乙方承诺在国际市场上销售年产量的45%，甲方希望乙方能提高销售额,达到70%,其余的在中国国内市场上销售。

四、工厂的规模、合营年限以及其他有关事项,均没有详细地加以讨论,双方都认为待第二项事情向各自的上级汇报确定后,其他问题都好办。

五、这次洽谈,虽未能解决主要问题,但双方都表达了合作的愿望。期望在今后的两个月内再行接触,以便进一步商洽合作事宜,具体时间待双方磋商后再定。

中国××公司××分公司×国　×××股份有限公司
代表×××(签章)代表×××(签章)

范例2　外事函电

××省教育委员会关于同意××大学××延长护照的函

中华人民共和国驻日本大使馆:

　　××大学××是××××年4月由我委派到日本九洲大学攻读学位的××自筹经费留学生,现已获得博士学位并转到通商产业省四国工业技术研究所做博士后工作。最近,该同志向我委申请,由于其所持的因公普通护照将到期,要求延长护照以继续完成研究。经研究,我委同意××同志延长护照5年,即从2000年9月至2005年9月止。请按规定予以办理有关护照延长手续。

××省教育委员会
二〇××年×月×日

第 5 章
规章类公文写作

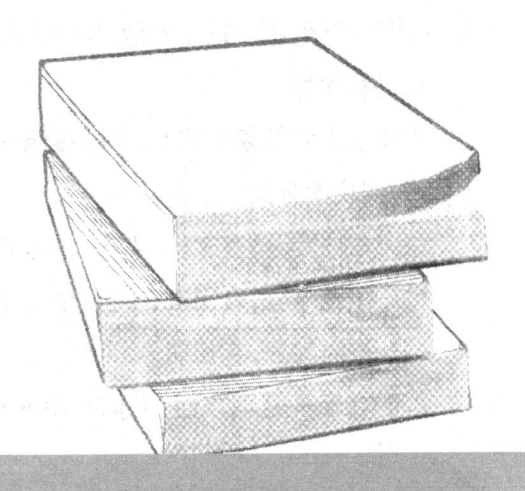

第一节 制度

撰写要领

一、制度的概述

制度是党政机关常用的规范性文体之一,它要求有关人员遵守和执行,用于机关对某项工作和某方面的活动提出规定的要求。它应用广泛,各方面的工作都可以有它的制度,如办公制度、财务制度、文书工作制度等。

制度的作用主要表现在:

制度是工作措施中的重要环节,是完成任务的重要手段;制度是鞭策激励人们遵守纪律,努力学习和工作的行为准则。

二、制度的特点

(一)规定性

即制度按照所涉及事物的性质、范围,限定人们可以做什么,不可以做什么;可以怎样做,不可以怎样做,用以规范人们的行为。

(二)程序性

即要求人们做某事情时,必须按照一定的规则程序、方法进行。

三、制度的分类

(一)按内容分,有工作、生产、学习等制度。

(二)按范围分,有国家、单位、个人等制度。

(三)按时间分,有长期、短期制度。

(四)在经济管理方面,人们常用的有生产岗位责任制和工作岗位责任制。

这两种制度都是将责任与制度结合在一起，是责、权、利在一个岗位上的有机结合。可以使干部群众任务明确，责任具体，从而增强人们的责任感。目前，由于责任制的普遍实行，所以关于责任制这一文种的写作，就显得十分重要。

四、制度的写作格式

制度一般由标题和正文构成。

（一）标题及题下标示

标题应由发文机关、发文事项和文种类别三部分组成，但很多时候标题中省去发文机关（或称适用范围），只写事由和文种。适用范围、发布机关、发布日期用标题下括号标示法标明。

（二）正文

制度的正文，一般要分三部分来写：第一部分要写明制发制度的缘由，用"特制定本制度"一语承上启下；第二部分分条写明各项具体条文；第三部分写实施范围、生效日期、修订权、解释权等内容。是否分章写，要根据内容多少而定。第一部分、第三部分要简明扼要；第二部分要具体切实。

制度的文字要明白易懂，具体准确，防止出现重复和无用的语句。

（三）制发单位和日期

如有必要，可在标题下方正中加括号注明制发单位名称和日期，其位置也可以在正文之下，相当于公文落款的地方。

———— 经典范文 ————

范例 1　考勤管理制度

××市发改委机关考勤制度
2008 年 10 月 28 日

为了建立机关正常的工作秩序,严肃工作纪律,提高工作效率,特制定本制度。

一、请销假制度

(一)事假批准权限

凡确属有事请假处理个人事务的,科及科级以下人员须写请假条。请假 1 天的,科级以下人员由科室负责人批准;科室负责人由分管领导批准;连续 2 天的,由分管领导批准;连续 3 天的或委领导请假的,需经主任批准。以上事假必须持书面假条报办公室备案,假期结束后,要及时到办公室销假。未经领导批准超假或未按时销假的,一律按缺勤处理。

(二)因公外出批准权限

凡因公事外出开会、学习、考察的人员,应向分管领导报告并经同意,报主任批准。

(三)病假批准权限

干部职工因病需请假(住院、工伤、产假除外),确属因病不能坚持正常工作的人员,需请假 1 天以内的,科室负责人、科级以下人员分别由分管领导、科室负责人批准;请病假 2 天以上(含 2 天)的,须持请假条或医生出具的病假证明,由分管领导、科室负责人批准。以上病假必须持书面假条或病休证明报办公室备案,凡病休超过 5 日的,应提交医院出具的医疗诊断证明。

二、休假制度

(一)休假的规定

1.根据国务院《职工带薪年休假条例》,市发改委机关的在职干部职工,凡参加工作满 1 年以上的正式干部职工,均可享受年休假待遇。在年休假期间享受与正常工作期间相同的工资收入。

2.累计工作满 1 年不满 10 年的,年休假 5 天;累计工作满 10 年不满 20 年的,年休假 10 天;累计工作满 20 年以上的,年休假 15 天。休假天数计算不含星期日和节假日。

3.当年享受探亲假的职工,应在年休假期间探亲。如果年休假天数少于探亲假的,可补足探亲假。

4.有下列情形之一的,不享受当年的年休假:

(1)干部职工请事假累计 20 天以上且单位按照规定不扣工资的;

(2)累计工作满 1 年不满 10 年的干部职工,请病假累计 2 个月以上的;

(3)累计工作满 10 年不满 20 年的干部职工,请病假累计 3 个月以上的;

(4)累计工作满 20 年以上的干部职工,请病假累计 4 个月以上的。

5.年休假在 1 个年度内可以集中安排,也可以分段安排,一般不跨年度安排。因特殊情况确有必要跨年度安排职工年休假的,需报主任批准后,可以跨 1 个年度安排。

6.各科室要在确保完成工作任务的前提下,统筹安排干部职工的休假时间。确因工作需要不能安排干部职工休年假的,经干部职工本人同意,可以不安排职工休假。对职工应休未休的年休假天数,单位应当按照该职工日工资收入的 300%支付年休假工资报酬。

(二)休假的批准权限

干部职工休假,应由个人提出申请,经分管领导同意、报主任批准后方可休假,分管领导的休假,由主任批准。

(三)休假的审批程序

休假由本人填写休假申请表，以不影响工作为前提，经科室负责人和领导签字批准后，由办公室组织实施。假期结束后，请休假人员须按时到办公室销假。未经领导批准超假或未按时销假的，一律按缺勤处理。

三、考勤考核制度

委机关全体干部职工都实行考勤。考勤工作由办公室牵头，委各科室负责人参加。实行不定期抽查制度。

1.干部职工上下班必须严格遵守工作纪律，执行市政府机关作息时间，按时上下班，不准上班无故迟到、早退、旷工。超过30分钟以上上班视为迟到，提前半小时下班视为早退。工作时间应在职在岗，严禁擅离职守，无故串门。不准上班时间上网炒股、聊天、娱乐，做与工作无关的事。

2.办公室将不定期对工作纪律进行检查，抽查考勤情况。对迟到、早退、脱岗人员，各科室、委属各单位要如实说明人员去向。检查中发现弄虚作假、越权准假的，将对科室负责人进行通报批评，通报批评3次以上的科室和单位；对一年内累计迟到、早退、脱岗超过六次的人员将给予大会通报批评，超过六次的取消年终评优、评先资格。

3.根据《国家公务员法》和《公务员考核规定》，旷工或请假期满无正当理由逾期不归连续超过10天以上的，或者全年累计旷工15天以上的，当年年度考核应确定为不称职。当年考核被确定为不称职等次的，当事人不得享受年终奖金；旷工或请假期满无正当理由逾期不归连续超过15天的，或者一年内累计超过30天的，按规定报批后对当事人予以辞退。

范例 2 食堂管理制度

机关食堂管理制度

一、遵循为机关职工、会议和来往客人服务的宗旨,努力做到饭菜色鲜味美,价格合理,服务周到,方便及时。

二、食堂工作人员须分工合作,认真履行职责。

三、食堂工作人员要坚守工作岗位,按规定时间开饭,保持杯、碗、筷、盏清洁卫生、放置有序和定时消毒。加强食品的管理,禁止出售腐烂变质的食物,杜绝食物中毒事件的发生。

四、接待县(市、区)基层所人员,原则上提供工作餐,但须由业务科室向办公室报告,方可安排。注重饭菜质量,杜绝浪费。

五、外单位就餐人员不得赊欠饭菜票,未经管理人员同意,不准擅自将餐具借给他人。加强单证、现金、饭菜票的管理,做到及时上缴、核销。

六、加强成本核算,购物手续清楚,并与实物相符,后勤管理员要对当天购进的食品进行查验,若发现有三无产品和假冒伪劣产品,除追究采购员责任外,要集中销毁,不准出售。要注意节约使用水、电、气。

七、会议伙食,按会议标准办理,不上名酒、高档饮料和昂贵菜肴。

八、食堂工作人员要严格要求自己,讲究烹调技术,注重饭菜质量,要严格管好食堂设备,餐厨用具和粮油、副食、酒水等,不得自开小灶,不准擅自在食堂请客就餐。

九、食堂工作人员要随时保持个人和食堂卫生,定期进行健康检查。

××机关办公室
××××年×月×日

范例3 档案管理制度

××局档案管理制度

1.局档案工作机构

成立局档案工作鉴定小组,由办公室(处)行政处、计财处有关人员组成。

局的档案工作机构为现行局的综合档案室,档案室对局机关档案实行综合管理。其日常工作由办公室领导,业务上受国家、省、市档案局监督和指导。

2.综合档案室的职责

(1)按照上级关于档案工作的规定,组织具体实施工作。

(2)拟定局档案工作计划和工作制度。

(3)负责组织每年文书立卷、归档工作。

(4)统一管理局各种门类和载体的档案,做好收集、整理、鉴定、保管、统计、利用和编研工作。

(5)按规定向市档案馆移交应进馆的档案,接收局直属撤销单位的档案。

(6)负责收集与局业务有关的资料。

(7)办理领导交办的其他有关档案业务工作。

(8)协同有关处室对基层单位的档案工作进行业务指导和督促检查。

3.档案综合管理范围

凡属局各处、室和党、政、工、团组织形成的文书档案、基建档案(包括房改工作档案)、设备档案、声像档案、已故人员档案(人事部门存三年后再移交)均由档案室管理。人事档案由人事处管理。业务档案由各业务处按处归档要求收集、整理、装订成册、编好目录,将档案交综合档案室管理。会计档案由计财处、办公室财务组、基金会按归档要求收集、整理、装订成册交综合档案室管理。

4.材料归档

(1)本局在工作活动中直接形成的具有保存价值的各种文件材料(包括文

字、图表、照片、录音、录像带和各种专业性文件)必须及时立卷归档,以保存局的历史面貌。

(2)归档的基本要求

①归档的文件材料必须准确地反映局工作活动的真实历史面貌;

②归档的文件材料必须进行立卷管理,要符合立卷的原则和要求。

(3)归档时间

①党、政、工、团的文书立卷和各业务处室的业务档案,应于翌年第二季度归档完毕。

②基建文件材料归档应与该基建工程建设同步进行,工程竣工验收后三个月内向档案室移交。

③设备文件材料应于设备开箱时验收登记,待设备安装调试或投入使用后三个月向档案室归档。

④会计档案由财务部门整理立卷后,按2000年7月1日实施的《会计法》规定,在财务部门保管一年后移交综合档案室。

⑤已故干部职工档案,按市委组织部、市档案局[1987]6号文规定,干部职工死亡后,其档案在人事部门保存三年后向档案室移交。

⑥声像档案自形成一个月内向档案室归档,凡归档的照片(连图片)、录音带必须有文字说明(包括时间、地点、人物(职务)、内容、拍摄(录制)者姓名,录像带还应有解说词)。

(4)归档份数,党政文件一般归档两份,一份连底稿做档案保存,一份做文件汇编。其他门类的文件,一般归档一份,比较重要的可适当增加归档份数。

5.档案的管理

(1)局的全部档案为一个全宗,全宗内档案,按门类进行分类,根据同级和上级档案行政部门的要求,编制分类方案,例如分类和编号的方法要便于保管和使用。

(2)建立健全档案工作各项制度,把档案工作列入机关工作和活动计划、基建工作计划,列入有关部门和人员的职责范围和岗位责任制。

6.加强档案的保护工作,改善档案保管条件,并定期对档案保管的状况进行检查。发现问题向领导汇报,及时采取措施,保护档案的安全。

(1)根据国家和同级档案行政管理机关的规定,拟定档案保管期限表,为文书立卷和档案鉴定提供依据。

(2)档案的鉴定工作,由局办公室牵头组织有关业务处室组成鉴定小组,负责提出鉴定意见。

(3)销毁失去保存价值的档案,必须登记造册,经局分管领导批准,指定两人监销。并在销毁清册上签字。

(4)档案的移交按国家有关规定,将永久、长期保存的档案,向市档案馆移交并办好移交统计表。

7.建立档案统计工作制度,档案收进、移交都应登记入册,并按上级要求,报送档案工作情况统计表。

8.档案的利用,积极配合机关工作中心任务,及时做好档案提供利用,并根据使用的需要。编制检索工具和参考资料。

xx档案局

xxxx年x月x日

第二节 规定

撰写要领

一、规定的概述

规定是机关、团体、企事业单位制定的,在一些重大问题上作出规范性要求,用以统一人们行动的法规性文件。国务院办公厅发布的《行政法规制定程序暂行条例》中指出:"对某一方面的行政工作作出部分的规定"称"规定"。

二、规定的适用范围

规定的适用范围较广,党政机关、社会团体、企事业单位均可使用。政治、经济、文教、卫生等领域凡是需要规范人们行动、要求有关人员遵守和执行的事情,都可以用规定行文。同时,规定既可以是较长一个时期执行的规范性要求,又可以是临时性的措施,其使用范围相当广泛。

三、规定的特点

(一)具有强制性或约束力

规定是规范人们思想、言论和行动的准则,一经公布,有关人员都必须遵照执行。

(二)具有严格的制定程序

规定是严肃的规范文件,其制定要经过严格的程序。由中央发布的属于行政法规性质规定的制定程序,一般要经过编制规划、起草、审定、发布四个步骤,由国务院法制办负责规划协调和审查。属于规章性质的规定,制定程序也要经过起草、报送或初审、审定和公布等几个阶段才能生效。

(三)具有相对的稳定性

规定是以政策、宪法、法律为依据制定的,因此其内容不得与宪法、法律和上级机关颁布的法规、章程相矛盾、相抵触。作为准则和规范,其内容要求稳定,这样才便于人们遵照执行,不能动辄修改,让人无所适从。当然,这种稳定也是相对的,当规定已不适应社会发展需要时,应及时予以修改或撤销。

四、规定的分类

常见的规定有政策性规定、事项性规定和专项性规定。

五、规定的写作格式

规定的写作通常包括标题、正文、签署三部分。

(一)标题

规定的标题,应由发文机关、事由和文种类别组成,特别是国家高级行政机关制发的规定。但有时也可省写标题中的发文机关,改为文尾签署。规定如属"暂行"性的,标题中要标明。

(二)正文

规定的正文,多由总则、分则、附则三部分构成。

1.总则。总则是规定的第一部分,用来交代制发规定的缘由、目的、意义、指导思想、基本原则、适用范围等。总则一般自成一章,分为若干条。

2.分则。分则分为若干章,每章有小标题,下列若干条款。分则是规定的主体,规定的实质性内容和要求都在分则部分集中表达,是写作的重点所在。

3.附则。附则是规定的结尾部分,主要用来作补充说明以及交代执行要求,如还有什么单位和个人适用这一规定,规定的解释权属于哪一部门,规定何时生效等。

(三)签署发文机关和日期

如标题中已标明发文机关,标题下已标明发文日期的,可省去这部分,特别是高级行政机关制发的规定更属此列。

规定使用范围很广,条理要清楚,逻辑性要强,措辞要庄重、准确、周密。

经典范文

范例1 政策性规定

自治区党委办公厅、自治区人民政府办公厅
关于全区各级党政领导干部深入基层
深入群众调查研究的规定
×办发[2001]3号

为了深入贯彻落实江泽民同志关于"三个代表"重要思想,促进我区各级党政领导干部进一步转变作风,深入基层、深入群众,开展调查研究,加强世界观改造,克服官僚主义、主观主义和形式主义,真正把维护、实现和发展最广大人民群众的根本利益作为一切工作的出发点和落脚点,特制定本规定。

一、各级党政领导干部,每年要拿出一定的时间,深入基层、深入群众,开展调查研究,认真听取群众的呼声,了解群众的疾苦,真心实意地为群众办实事、办好事,真正做到"知民之所想,察民之所虑,亲民之所爱,为民之所需"。按中央和自治区的有关规定,下基层工作和调查研究的时间,省级领导干部全年不少于2个月,地厅级领导干部全年不少于3个月,县(市、区)、乡(镇)领导干部全年不少于4个月。

二、各级党政领导干部在下基层调查研究中,要自觉安排一定的时间,深入农村、企业、街道、学校等基层单位,与群众同吃同住同劳动(以下简称"三同"),并将这一做法长期坚持下去。深入基层、深入群众"三同"的时间,由各级领导干部根据自己的工作实际来决定。

三、深入基层、深入群众调查研究应重点到农村,特别要注意到那些困难多、问题多、群众意见多的地方去,到那些相对贫穷落后的地方去。自治区、地、市党政领导干部要联系不同类型的村或基层单位,县级领导班子成员要联系2~3个村。也可与原来的联系点结合起来。其他部门的领导干部要结合自己的工作实际,落实固定的联系点。

四、深入基层、深入群众调查研究必须在"深入"上下功夫,坚持眼睛向下看,脚步往下走,到工人、农民、知识分子中去,同他们打成一片,切实改进工作方法和工作作风,做到:深入农村,要进村入户,与农民拉家常,交朋友,体察群众疾苦,帮助解决热点、难点问题及其他影响当地改革、发展与稳定的突出问题,指导和帮助贫困群众发展生产,脱贫致富;深入企业,要到车间、班组和职工中,为他们排忧解难;深入学校,要到教职工和青年学生中去,与他们交流思想,释疑解惑;深入到街道、所属基层单位,要与群众"结对子",做好各项服务工作。在深入基层、深入群众调查研究的过程中,要适当参加生产劳动,在改造客观世界的同时努力改造主观世界,从思想上解决好实践党的全心全意为人民服务的宗旨问题、群众观点问题。

五、异地交流干部在深入基层、深入群众调查研究方面要严于律己,立足基层,安心岗位,集中精力,搞好所在地工作,杜绝"走读"现象。对配偶未随调、随迁的交流干部的休息和休假,可采取轮休的办法解决,一定要保证在双休日期间有三分之一到二分之一的领导干部在岗位上值班。具体由当地党委统筹安排,既要保证领导干部享受国家法定的休息和休假时间,又不影响正常工作。

要加强对异地交流干部"八小时之外"以及节假日活动情况的管理。异地交流干部回家休息和休假,要坚持请销假制度,执行自治区有关用车规定。

六、每次深入基层、深入群众调查研究要确定调研专题和重点为群众解决的问题,以真正取得实效。要亲自动手撰写深入基层、深入群众的调查报告,总结和推广行之有效的经验,提出解决问题的主张和办法,指导全面工作。调查报告要报送同级党委和上一级党委。

七、深入基层、深入群众调查研究,要严肃群众纪律和工作纪律。要轻车简从,不扰民,不搞特殊化,不搞花架子,不增加基层和群众负担。进村住户的领导干部要自带行李，按当地规定交纳伙食费。不准接受任何礼品、纪念品和土特产品。

八、各级党委要把领导干部深入基层、深入群众调查研究工作摆在重要的议事日程，切实加强领导，认真抓好落实。党委（党组）书记要身体力行，做好表率。要把深入基层、深入群众调查研究列入领导班子工作目标责任制和干部年终考核的重要内容，建立登记卡，实行跟踪督察或定期检查，及时发现、总结典型经验和先进事迹，搞好交流和推广；对搞形式主义，走过场，造成严重影响和后果的人和事，要通报批评。

××自治区党委办公厅、××自治区人民政府办公厅

二〇××年×月×日

范例2　事项性规定

院工会经费管理和使用规定

1.院工会必须认真贯彻国家财经法规和全国总工会有关文件精神，履行经费管理职责，管理、使用好工会经费。

2.院工会经费除了校工会下拨的会员费、工会活动专项经费收入外，应争取院经费支持和专项活动募捐等，广泛开辟工会经费来源渠道，增加工会经费收入。

3.院工会经费主要用于开展包括组织院工会活动，每年应根据工会活动计划做好主要项目活动的经费使用预算。较大项目的开支或其他开支，坚持集体讨论研究，并多方征求会员的意见。

4.实行工会经费民主理财，做到每年7月1日公布年度上半年经费收支账目1次，12月31日公布全年经费收支账目1次，并随时接受会员检查和监督。

5.院工会经费使用由院工会主席审批。

××大学××学院工会

二〇××年××月××日

范例 3 专项工作规定

关于发展学生党员有关工作的规定

为进一步做好我校在大学生中发展党员工作,充分发挥基层党组织的作用,明确工作职责,严格工作程序,根据《中国共产党发展党员工作细则(试行)》的有关规定,结合我校学生党员发展工作的实际。现就发展学生党员的有关工作,作出以下规定:

一、发展学生党员的有关权限

1.学校党委授权各学院党总支直接负责发展学生党员的审批。

2.发展学生党员时,各党总支经会议讨论表决后,在《入党志愿书》上直接签署审批意见。"党委意见栏"盖党委组织部印章,同时将《发展预备党员备案表》或《预备党员转正备案表》(纸质文档和电子文档)等报组织部备案,不需再将有关入党材料报党委组织部进行审核。

二、发展学生党员的有关职责

1.各学院党总支书记为本单位发展学生党员工作的第一责任人,全面负责此项工作并承担主要领导责任。

2. 各学院分管学生工作的党总支副书记负责对学生入党积极分子教育、培养和考察的具体工作。

3.各学院党总支要严格遵守发展学生党员工作的各项程序及要求,材料要规范、手续要完备,并做好学生党员发展材料的建档、归档、保管工作。

三、发展学生党员的有关要求

1.发展学生党员时必须坚持标准、保证质量,认真执行相关制度和程序:如团组织推优、确定入党积极分子、入党积极分子培训、联系人定期考察、确定发展对象、发展对象公示、发展对象政审和预审、审批前谈话、入党宣誓、预备党员培养考察等。

2.认真做好发展学生党员工作的各项记录,详细清楚、齐全规范。

(1)会议记录。主要包括：支委会记录、支部大会记录、党支部预审会议记录、党支部审批会议记录、群众座谈会记录等。

(2)工作记录。主要包括：推优工作记录、公示记录、与入党申请人谈话记录、入党积极分子培训记录、入党积极分子和预备党员考察记录等。

(3)其他材料。主要包括：发展计划、培训计划、申请入党人一览表、入党积极分子一览表、发展预备党员备案表、预备党员转正备案表等。

3.发展学生党员工作要有领导、有计划并严格执行党员发展计划。各党总支根据入党积极分子的培养情况,每年3月份制定本单位年度发展党员的计划(9月份可根据需要进行一次调整),发展计划要报党委组织部备案。备案时根据发展党员工作计划,领取《入党志愿书》。未列入发展计划的对象原则上不予发展。毕业班在毕业前三个月内原则上不再发展党员。

4.各党总支要逐步建立学生党员信息库,及时将发展党员的基本信息登记造册,并根据要求做好党内统计工作。

5.党委组织部负责对发展学生党员工作进行宏观管理、分类指导和组织检查。对各党总支发展学生党员工作,采用抽查和互查方式进行定期检查评比,发现问题及时予以纠正,对发展学生党员工作做得好的基层党组织进行表彰,总结、推广先进经验。

6.各党总支每年12月份要对发展学生党员工作进行自查,并把自查情况书面报党委组织部。

7.发展学生党员工作的情况将作为对基层党组织进行评估和对书记、副书记进行考核的重要依据之一。

四、发展学生党员的有关纪律

1.发展学生党员必须严格按照《中国共产党章程》、《中国共产党发展党员工作细则(试行)》和我校的有关规定公开、公正地进行。发展对象不得由个人指定或临时决定、不得突击发展、不得隐瞒或歪曲事实、不得个人许愿、不得徇私舞弊或打击报复等。

2.发展学生党员工作接受全校师生员工的监督。

3.发展学生党员工作严格执行责任追究制。党委组织部负责受理有关的检举和申诉,制止并纠正一切违纪和违规行为。同时对有关责任人提出处理意见或建议,经学校党委批准后执行。

四、其他事项

1.本规定由党委组织部负责解释。

2.本规定自发文之日起执行。

中国共产党××大学委员会

二○××年×月×日

第三节　条例

撰写要领

一、条例的概述

条例是一种常用的规范性公文，主要用于规范党和国家机关的组织、职权、活动和成员行为的规章制度。条例用于规定某个机关的组织和职权的，叫组织条例；用于制定预计长期实行的调整国家生活某个方面规则的，叫单行条例。

条例是规章制度中的最高样式，无论是党的机关公文还是行政公文，都对其制发资格有严格的规定。国务院办公厅颁发的《行政法规制定程序条例》指出：国务院各部门和地方人民政府制定的规章不得称"条例"。国务院的各个部门所制定的与自己职权有关的规章以"条例"命名时，必须经国务院批准并以国务院的名义发布，不能擅自制定发布。适用于军队执行的条例必须经中央军委批准并以中央军委名义发布。

二、条例的适用范围

条例通常由国务院制定和发布。有时也由有关部、委制定，经国务院批准后发布。有的条例涉及范围广，属于重大行政措施，要经全国人民代表大会常务委员会讨论通过，并以中华人民共和国主席令的方式发布。条例发布后，在执行范围内具有强制遵循和执行的权威性与效力。省、自治区、直辖市级行政机关不使用这种文体。中央军委发布的军队条例适用于全军各军兵种及武警部队。

三、条例的特点

(一)鲜明的权威性

这主要表现在条例制发机关的高层性和权威性。国务院各部门和地方各级人民政府制定的规章制度不得称"条例",当然,企事业机关、团体等更不得用"条例",只有国家权力机关或最高行政机关及受这些机关委派的组织才有权制定条例。

(二)内容的广泛性

条例的内容涉及经济、军事、教育、科学、文化、卫生、体育事业、城乡建设事业和财政、民政、公安、民族事务、司法行政、监察、计划生育等各个领域。

条例实质上是对国家政策、法律和法令的补充性说明或辅助性规定。

(三)制定机关的特定性

条例的制定机关是有权制定国家法律、法规的国家权力机关或行政机关,它包括全国人民代表大会及其常委会,国务院,省、自治区、直辖市人民代表大会及其常委会,省会市、国务院批准的较大的市人民代表大会及其常委会。

(四)实施的强制性

因为条例制定机关是具有高层次的国家和地方权力机关和行政机关,所以条例具有权威性、强制性和约束性。制发机关所辖区域的一切机关、团体、企事业单位和公民都必须认真遵守执行条例的规定,不得违反,否则将承担相应的法律责任。

(五)严格的约束力

作为规章制度性质的文件,条例所规定的某些事项和某些制度,是根据党的路线、方针、政策制定的,各级组织和个人应该遵守什么、禁止什么、违反了怎样处置等,都有明确的规定,有非常强的约束力。

(六)制定的程序性

条例一般要经过专门的发布程序后方可生效。

(七)措辞准确,经得起推敲

条例是作为行政法规使用的,不容半点含糊,要让执行者一看便知,是非清楚,不至于发生歧义。这就要求条例的措辞绝对准确,每一章节条款、一句一词都只能有一种理解,以便确保其严肃性和权威性。

四、条例的分类

(一)组织规章性条例

党的机关制定的公文条例,都属于组织规章性条例。它主要用于规范党组织的工作、活动和党员的行为,是党内的法律,任何党组织或党员违反了其中的规定,都将受到相应的党纪处分。

(二)行政管理性条例

国家行政部门在行使职权进行管理的时候,针对某项长期性工作制定的规章制度,属于行政管理条例。

(三)法律实施性条例

国家的法律制定颁布之后,在执行时往往还会有许多不够具体明确的地方,有时需要用条例进行补充说明或作出辅助规定,以保证法律得到准确执行。法律实施条例可以对法律中的概念进行解释说明,可以把某些条文细节化、具体化,还可以对法律进行补充。

五、条例的写作格式

(一)标题及制发时间

条例的标题由制发机关、事由和文种类别组成,有的可省去发文机关,或在文种类别前加"暂行"等表示性质的限定词。如果标题中不标明发文机关,必须在正文之后增加落款,署上发文机关和日期。

独立发布的条例,要在标题之下正中位置,加括号标明制发机关和制发时间;用命令、通知等文种予以发布的条例,条例本身不显示制发时间,以命令或通知的发文时间为准。如《建设工程质量管理条例》是2000年1月30日由国务院第279号令颁布的,该条例的制发时间就是2000年1月30日。

(二)正文

条例的正文,可分为总则、分则和附则来组织结构。总则或相当于总则的部分,多有一段导入语,简要说明条例制发的目的、意义、法律依据、适用范围等。分则是分章节或条目分列条例的具体内容。附则部分是对分则的补充说明,多用以说明条例的生效日期、适用对象、解释权限,以及与相关的法令政策的关系等。

内容比较简单的条例,直接分条目列述即可。

条例是国家法令政策的具体阐述和补充,本身也具有法令的权威性和严肃性。它的写作,首先要正确把握其法律依据和界限;其次是要严密准确,不能有含糊和漏洞;再次是"条"、"例"结合,"条文"是政策和法令,"例设"是补充与具体解释,前者要概括,后者须具体明确;最后,条文的结构要条理井然,语言鲜明准确。

经典范文

范例1 组织规章性条例

xx市村集体财务管理条例

(2000年12月1日xx市第十二届人民代表大会常务委员会第十七次会议通过,2000年12月22日xx省第九届人民代表大会常务委员会第十八次会议批准)

第一章 总则

第一条 为了加强村集体财务管理,促进农村集体经济健康发展,根据有关法律、法规的规定,结合本市实际,制定本条例。

第二条 本条例适用于本市行政区域内行政村的集体财务管理。行政村的集体财务由村民委员会负责管理。

第三条 市、县(市、区)农业行政主管部门和乡(镇)人民政府负责本行政区域内的村集体财务管理工作的统一指导和监督,日常指导和监督工作由农村经营管理机构(以下简称经管机构)承担。

财政、审计等部门按照各自职责,依法对村集体财务管理工作进行指导和监督。

第四条 村集体财务管理应当坚持民主、公开、公正的原则。

村民对村集体财务的管理依法进行监督。

第二章 财务计划与收益分配

第五条 村民委员会应当坚持统筹安排、量入为出、留有余地的原则,根据生产经营计划、承包合同和其他经济合同编制年度财务计划。年度财务计划主要包括:

(一)财务收支计划;

(二)农业基础建设计划;

(三)固定资产购建计划;

(四)兴办企业及资源开发计划;

(五)收益分配计划。

第六条 村民委员会应当按照法律、法规的规定和本村实际情况组织收入。其收入有:

(一)发包收入;

(二)资产、设施租赁收入;

(三)经营、投资收入;

(四)其他收入。

第七条 村民委员会每年进行收益分配前,应当准确地核算全年的收入和支出,清理债权和债务,完成承包合同的结算和兑现。

第八条 村集体收益,按照下列顺序分配:

(一)提取公积金;

(二)提取公益金;

(三)提取福利费;

(四)向投资者分利;

(五)村民分配;

(六)其他。

第九条 村集体财务的年度计划和收益分配方案,应当由村民委员会提请村民会议讨论决定后执行,并报乡(镇)经管机构备案。

调整、变更年度财务计划,按照前款规定办理。

第三章 资金管理(略)

第四章 固定资产与产品物资管理(略)

第五章 财会人员管理(略)

第六章 财务公开与监督(略)

第七章 法律责任(略)

第八章 附则

第四十一条 行政村建立了统一的集体经济组织的,村集体财务由其负责管理。

第四十二条 本条例自2001年1月1日起施行。

范例2 行政管理性条例

xx市林业行政管理条例

第一章 总则

第一条 为了加强林业行政管理,保护、培育和合理利用森林资源,创造良好生态环境,根据《中华人民共和国森林法》、《中华人民共和国森林法实施条例》和有关法律、法规的规定。结合xx市实际,制定本条例。

第二条 本条例所称林业行政管理是指对植树造林、森林保护、经营管理、森林采伐、木材加工运输过程中所进行的行政管理。

第三条 市林业行政主管部门主管全市林业工作。区(市)县林业行政主管部门主管本行政区域内的林业工作。

土地、工商、建设、环保、农业、水利、交通等相关行政管理部门,按照各自的职责,协助林业行政主管部门做好林业工作。

第二章 植树造林

第四条 植树造林实行部门、单位负责制。

植树造林责任单位的造林绿化任务,由所在地区(市)县人民政府下达责任通知书,予以确认。责任单位必须按要求按时完成造林任务。

植树造林要选育良种壮苗,遵守造林技术规程,实行科学造林,提高林木的成活率、保存率。本行政区域内当年造林,验收成活率不足85%的,不得计入年度造林完成面积。

切实加强幼林管护。需封山育林的,由各区(市)县人民政府组织实施。

第五条 依法保护单位和个人植树造林、承包造林的合法权益,任何单位和个人不得侵犯造林者依法享有的所有权和其他合法权益。

第六条 植树造林是公民应尽的义务。各级人民政府应当组织全民义务植树,开展植树造林活动。

第三章 森林保护

第七条 禁止盗伐、滥伐林木。

禁止毁林开垦。采土、采石、采沙及其他破坏林地的行为。

禁止在幼林地、封山育林地和特种用途林地内砍柴、放牧。

禁止毁林采种和违反操作技术规程采脂、挖笋、掘根、剥树皮及过度修枝等毁林行为。

第八条 禁止对天然林进行采伐和从事可能导致天然林毁坏的活动。

以保护、培育天然林为目的的抚育性采伐,经区(市)县林业行政主管部门逐级上报审核批准后,由森林经营单位按照批准的方案组织实施。

第九条 各级人民政府应当切实做好森林火灾的预防和扑救工作。实行市长、区(市)县长、乡(镇)长负责制。

自然保护区、森林公园、风景名胜区以及驻森林区内的企事业单位,实行部门和单位森林防火责任制。

公民、法人和其他组织经营管理的林木,森林防火由经营者负责。

第十条 森林防火期内,在森林区禁止野外用火;因特殊情况需要用火的,必须经区(市)县人民政府或其授权单位批准,领取用火许可证后,方能在指定地点、范围内用火,并由森林防火部门监督检查。

森林防火戒严期内,森林区严禁一切野外用火。

第十一条 任何单位和个人发现森林火灾时,应及时向当地人民政府报告。

当地人民政府必须立即组织军民扑救,并及时向上级政府报告。

有关部门应当积极做好扑救火灾的物资供应、运输和通信、医疗等工作。

凡接到扑火命令的单位和个人,必须按时到达指定地点参加扑救,不得拒绝或拖延。

第十二条　各级林业行政主管部门应当加强森林病虫害的预测预报和森林植物检疫。实施以良种、壮苗、适地适树、合理混交等营林预防措施为主,生物、化学和物理防治相结合的综合治理。

第十三条　森林病虫害防治实行"谁经营、谁防治"的责任制度。

自然保护区、森林公园、风景名胜区以及驻森林区内的企事业单位,负责其经营管理的森林、林木的病虫害防治工作。

公路、铁路行道树和水利工程管理范围的林木,由其主管部门负责病虫害防治。

公民、法人和其他组织,负责其经营管理的森林、林木的病虫害防治工作。

第十四条　森林病虫害发生时,森林病虫害防治机构应指导有关单位或个人及时除治,防止扩散。发生爆发性、危险性森林病虫害时,当地人民政府应当采取紧急除治措施,防止蔓延。

第四章　经营管理(略)

第五章　森林采伐(略)

第六章　法律责任(略)

第七章　附则

第三十六条　本条例自公布之日起施行。1994年8月10日××市人民代表大会常务委员会公布的《××市林业行政管理处罚条例》同时废止。

××市人大常委会

二〇××年×月×日

范例 ③ 法律实施性条例

××市预防职务犯罪工作条例

第一条 为了加强和规范预防职务犯罪工作,促进国家工作人员依法履行职责,根据宪法和有关法律、法规的规定,结合本市实际,制定本条例。

第二条 本条例适用于本市行政区域内预防职务犯罪工作。

本条例所称预防职务犯罪,是指预防国家工作人员贪污贿赂犯罪,国家机关工作人员渎职犯罪、利用职权实施侵犯公民人身权利和民主权利犯罪以及利用职权实施的其他犯罪。

第三条 开展预防职务犯罪工作,必须依法进行,坚持标本兼治、综合治理,实行专门预防和社会预防相结合的原则。

第四条 预防职务犯罪工作实行检察机关指导、监督、协调国家机关、国有企事业单位、人民团体各负其责,社会各界参与的工作机制。

第五条 检察机关在预防职务犯罪工作中采取下列方式开展预防工作:

(一)督促、协助有关单位开展预防职务犯罪的宣传、教育和咨询活动,指导建立社会性预防职务犯罪工作网络;

(二)调查分析职务犯罪发生的特点、规律及其原因,研究制定预防职务犯罪的对策和措施;

(三)在职务犯罪发案率高的行业和领域,会同有关单位开展预防职务犯罪工作;

(四)对重点项目开展专项预防工作;

(五)指导、监督、检查预防职务犯罪工作;

(六)其他预防职务犯罪职责。

第六条 国家机关、国有企事业单位、人民团体负责本单位、本部门、本系统、本行业的预防职务犯罪工作,履行下列职责:

(一)结合实际制定预防职务犯罪的具体措施,并组织实施;

(二)对所管理的工作人员进行法制、纪律和职业道德教育;

(三)建立并健全人、财、物等管理制度,对易发职务犯罪的岗位和环节加强监督;

(四)严格执行国家工作人员选拔任用规定和有关责任追究制度;

(五)严格执行预算内和预算外资金、行政事业性收费和罚没收入等财经管理制度,实行领导干部经济责任审计制度;

(六)实行政务公开、审务公开、检务公开和厂务公开等制度,接受社会监督;

(七)对下级单位的预防职务犯罪工作进行监督、检查;

(八)其他预防职务犯罪职责。

第七条 预防职务犯罪工作实行领导责任制。单位主要负责人对单位预防职务犯罪工作负总责,其他负责人根据分工负直接领导责任。

单位应当把预防职务犯罪列入工作计划和廉政建设责任制,与其他工作目标一并实行年度考核。

单位主要负责人和其他相关负责人年度述职时,应当把预防职务犯罪工作列为一项重要内容,接受考核和评议。

第八条 国家机关、国有企事业单位、人民团体应当根据实际,建立国家工作人员任前公示和收入申报等制度,并在一定范围内公布,接受社会监督。

第九条 人民政府及其职能部门应当改革和完善行政管理机制,采取以下措施,预防职务犯罪发生:

(一)规范行政执法行为,实行行政执法责任制;

(二)规范审批行为,公开审批程序,依法行使行政审批权;

(三)依法实行政府采购,加强对政府采购人、采购代理机构及工作人员的监督;

(四)加强对重大建设项目预决算、国债资金、财政专项资金及其他资金、基金收支情况和国家机关、国有企事业单位财务的审计监督;

(五)对建设项目依法实行招标投标;

(六)规范其他各项工作。

第十条 （略）

第十一条 （略）

第十二条 （略）

第十三条 （略）

第十四条 （略）

第十五条 （略）

第十六条 （略）

第十七条 （略）

第十八条 （略）

第十九条 （略）

第二十条 国家机关、国有企事业单位、人民团体发生职务犯罪案件,致使国家、集体财产和人民群众生命、财产遭受重大损失,或者造成恶劣影响的,由其上级或者主管部门给予直接负责的主管人员和其他直接责任人员行政处分。对发生职务犯罪案件隐瞒不报的从重处理。

第二十一条 审判、检察、监察、审计等国家机关工作人员在履行预防职务犯罪职责时。滥用职权、玩忽职守、徇私舞弊的,由其所在单位或上级机关给予行政处分;构成犯罪的,依法追究刑事责任。

第二十二条 本条例自20××年×月×日起施行。

第四节 办法

撰写要领

一、办法的概述

办法,是行政机关为贯彻某一法令或者做好某方面工作而制定的法规性文书。

二、办法的适用范围

事情无论大小,都要有法可依。办法的应用范围广泛,使用率高,特别是在我们国家法制建设一步步前进,人们的法制观念一步步强化的时候,自觉守法已逐步成为人们行动的准则。办法可以用于指导实施国家的某一法律、条例,也可以对某项工作作出具体规定。

三、办法的写作格式

办法的写作结构包括标题及题下标示、正文两部分。

(一)标题及题下标示

办法的标题应为"发文机关名称+事由+文种(办法)"的形式,也可省略发文机关名称,写为"事由+文种(办法)"形式。办法如属"试行"、"暂行"的,要在标题中标明。属会议通过或需标明发布日期的,可在标题下加括号注明。也有的在题下标示中同时标明发文机关名称,但这时不能再在标题或落款中重复出现发文机关名称。

(二)正文

办法的正文一般由三部分组成:即办法的制发缘由、办法的具体内容、结语或附则。制发缘由指制定办法的依据、目的；具体内容为办法正文的主体；结束语常用以说明办法的适用范围、实施日期、要求、解释权等。

办法内容复杂的，可分为总则、分则、附则来组织结构；内容简单的，通常用分条列述的写法。

办法的制定依据往往是上级机关的法令、决议、条例等。具体明确、切实可行是办法写作的基本要求。

经典范文

范例1 管理办法

药品召回管理办法

第一章 总则

第一条 为加强药品安全监管，保障公众用药安全，根据《中华人民共和国药品管理法》、《中华人民共和国药品管理法实施条例》、《国务院关于加强食品等产品安全监督管理的特别规定》，制定本办法。

第二条 在中华人民共和国境内销售的药品的召回及其监督管理，适用本办法。

第三条 本办法所称药品召回，是指药品生产企业（包括进口药品的境外制药厂商，下同）按照规定的程序收回已上市销售的存在安全隐患的药品。

第四条 本办法所称安全隐患，是指由于研发、生产等原因可能使药品具有的危及人体健康和生命安全的不合理危险。

第五条 药品生产企业应当按照本办法的规定建立和完善药品召回制度，

收集药品安全的相关信息,对可能具有安全隐患的药品进行调查、评估,召回存在安全隐患的药品。

药品经营企业、使用单位应当协助药品生产企业履行召回义务,按照召回计划的要求及时传达、反馈药品召回信息,控制和收回存在安全隐患的药品。

第六条　药品经营企业、使用单位发现其经营、使用的药品存在安全隐患的,应当立即停止销售或者使用该药品,通知药品生产企业或者供货商,并向药品监督管理部门报告。

第七条　药品生产企业、经营企业和使用单位应当建立和保存完整的购销记录,保证销售药品的可溯源性。

第八条　召回药品的生产企业所在地省、自治区、直辖市药品监督管理部门负责药品召回的监督管理工作,其他省、自治区、直辖市药品监督管理部门应当配合、协助做好药品召回的有关工作。

国家食品药品监督管理局监督全国药品召回的管理工作。

第九条　国家食品药品监督管理局和省、自治区、直辖市药品监督管理部门应当建立药品召回信息公开制度,采取有效途径向社会公布存在安全隐患的药品信息和药品召回的情况。

(下略)

范例2　实施办法

机关事业单位工作人员带薪年休假实施办法

第一条　为了规范机关、事业单位实施带薪年休假(以下简称年休假)制度,根据《职工带薪年休假条例》(以下简称《条例》)及国家有关规定,制定本办法。

第二条　《条例》第二条中所称"连续工作"的时间和第三条、第四条中所称"累计工作"的时间,机关、事业单位工作人员(以下简称工作人员)均按工作年限计算。工作人员工作年限满1年、满10年、满20年后，从下月起享受相应的年休假天数。

第三条 国家规定的探亲假、婚丧假、产假的假期，不计入年休假的假期。

第四条 工作人员已享受当年的年休假，年内又出现《条例》第四条第(二)、(三)、(四)、(五)项规定的情形之一的，不享受下一年的年休假。

第五条 依法应享受寒暑假的工作人员，因工作需要未休寒暑假的。所在单位应当安排其休年休假；因工作需要休寒暑假天数少于年休假天数的，所在单位应当安排补足其年休假天数。

第六条 工作人员因承担野外地质勘察、野外测绘、远洋科学考察、极地科学考察以及其他特殊工作任务，所在单位不能在本年度安排其休年休假的，可以跨1个年度安排。

第七条 机关、事业单位因工作需要不安排工作人员休年休假，应当征求工作人员本人的意见。

机关、事业单位应当根据工作人员应休未休的年休假天数，对其支付年休假工资报酬。年休假工资报酬的支付标准是：每应休未休1天，按照本人应休年休假当年日工资收入的300%支付，其中包含工作人员正常工作期间的工资收入。

工作人员年休假工资报酬中，除正常工作期间工资收入外，其余部分应当由所在单位在下一年第一季度一次性支付，所需经费按现行经费渠道解决。实行工资统发的单位，应当纳入工资统发。

第八条 工作人员应休年休假当年日工资收入的计算办法是：本人全年工资收入除以全年计薪天数(261天)。

机关工作人员的全年工资收入，为本人全年应发的基本工资、国家规定的津贴补贴、年终一次性奖金之和；事业单位工作人员的全年工资收入，为本人全年应发的基本工资、国家规定的津贴补贴、绩效工资之和。其中，国家规定的津贴补贴不含根据住房、用车等制度改革向工作人员直接发放的货币补贴。

第九条 机关、事业单位已安排年休假，工作人员未休且有下列情形之一的，只享受正常工作期间的工资收入：

(一)因个人原因不休年休假的；

(二)请事假累计已超过本人应休年休假天数,但不足20天的。

第十条　机关、事业单位根据工作的具体情况,并考虑工作人员本人意愿,统筹安排,保证工作人员享受年休假。机关、事业单位应当加强年休假管理,严格考勤制度。

县级以上地方人民政府人事行政部门应当依据职权,主动对机关、事业单位执行年休假的情况进行监督检查。

第十一条　机关、事业单位不安排工作人员休年休假,又不按本办法规定支付年休假工资报酬的,由县级以上地方人民政府人事行政部门责令限期改正。对逾期不改正的,除责令该单位支付年休假工资报酬外,单位还应当按照年休假工资报酬的数额向工作人员加付赔偿金。

对拒不支付年休假工资报酬、赔偿金的,属于机关和参照公务员法管理的事业单位,应当按照干部管理权限,对直接负责的主管人员以及其他直接责任人员依法给予处分,并责令支付;属于其他事业单位,应当按照干部管理权限,对直接负责的主管人员以及其他直接责任人员依法给予处分,并由同级人事行政部门或工作人员本人申请人民法院强制执行。

第十二条　工作人员与所在单位因年休假发生的争议,依照国家有关公务员申诉控告和人事争议处理的规定处理。

第十三条　驻外使领馆工作人员、驻港澳地区内派人员以及机关、事业单位驻外非外交人员的年休假。按照《条例》和本办法的规定执行。

按照国家规定经批准执行机关、事业单位工资收入分配制度的其他单位工作人员的年休假。参照《条例》和本办法的规定执行。

第十四条　本办法自发布之日起施行。

中华人民共和国劳动和社会保障部
xxxx年x月x日

范例3 处理办法

××公司财物失窃处理办法

第一条 本公司发生财物失窃事件后,有关人员须在第一时间到达现场,查看该房门是否有明显损坏或被硬物撬开的迹象。

第二条 开门进入房间后,须查看房内之物是否凌乱,行李或提箱、橱柜是否被撬开。

第三条 检查商品柜台玻璃、挡板等有无明显被移动的痕迹。

第四条 不可移动现场摆设、触摸任何物件,须用摄像机拍摄现场。

第五条 及时封锁现场,不准任何人进入。

第六条 观察有无形迹可疑人员出入,记录被窃物品价值、失窃时间等等。

第七条 执法人员到现场后,应主动协助其工作,为执法人员提供资料影印副本,以做好内部调查。

第五节 章程

撰写要领

一、章程的概述

章程是一个党派组织、社会团体、公司企业为保证其组织活动的正常运行，系统阐明自己的性质、宗旨、任务以及规定成员的条件、权利、义务、纪律及组织结构、活动规则，要求全体成员共同遵守的一种规则性文书。

二、章程的主要特点

章程的主要特点是法规性、规范性和约束力。一个政党和团体的章程，就是这个组织的根本法，该组织的所有成员都必须按照章程规定的条文规范自己的行为，其条文具有很强的约束力。违背章程的规定，就要受到该组织的惩罚或谴责，乃至被组织开除。企事业单位的章程，其成员也必须受其制约，严格按照章程规定的业务经营性质、业务活动和基本工作职责去办理。

三、章程的分类

章程共分为两类，一是党政团体章程，如"中国共产党章程"、"中国科技协会章程"；二是企事业单位章程，如"中国人民保险公司章程"。

四、章程的写作格式

章程的基本格式由标题、通过时间及会议、正文几部分组成。

（一）标题

由章程制定者和文种类别组成。

(二)通过的时间、会议

在标题下,写上何时由什么会议通过,或何时由何机关批准,或何时公布,并用括号括上。

(三)正文

章程的正文,一般都是开门见山和分章列款行文的。大体有总纲分章式、条目式两种写法。

1.总纲分章式。总纲分章式一般用于政党和团体的章程;总则、分则和附则式,多用于企事业单位的章程。

2.条目式。即比较简单的章程,逐条写下去,不再分章、分项、分款。

经典范文

范例 1　条目式章程

××县直机关党委党员义工服务队章程
(20××年×月×日党员义工成立大会通过)

为巩固和深化先进性教育成果,推进机关党建"先锋工程",建立党员联系群众的长效机制,创新党组织凝聚党员、服务群众的新平台,根据县委要求,特成立机关党委系统党员义工服务队,并制定本章程。

一、指导思想

以"三个代表"重要思想和科学发展观为指导,贯彻落实保持共产党员先进性四个长效机制,牢牢把握立党为公、执政为民的本质要求,突出"服务群众、奉献社会"主题,开展党员义工服务活动,引导和动员广大党员尽义务、讲奉献、树形象,展示和彰显党员先进性，为建设和谐××、实力××宁、开放××作出应有的贡献。

二、总体目标

通过党员义工服务活动的开展，落实为民党建的理念，引导机关党员干部传递爱心，传播文明，促进社会进步，构建和谐社会，彰显党员先进性。力争经过2~3年的努力，县级机关有服务能力的党员参加党员义工服务活动达到90%以上，在职党员"一岗双责"履责率达到95%以上。

三、基本原则

1.坚持党员自愿与组织引导相结合。开展党员义工服务活动，既要激发广大党员履行义务、服务群众、奉献社会的主动意识，又要在各级党组织的领导和组织下，有计划、有组织地引导党员在社会生活的方方面面以实际行动发挥党员作用，增强党组织的凝聚力和影响力，提升党员在人民群众中的先进形象。

2.坚持集中活动与分散活动相结合。要根据一个时期、一个阶段事关民生的重点、热点、难点问题，组织开展有一定规模、有一定影响的党员义工集中服务活动。同时，要根据群众个性化的不同需求，以及服务项目的不同特点，引导党员分散或独自开展义工服务活动，把义工服务活动延伸到群众生产生活的各个方面，使义工服务成为党员八小时之外发挥先锋模范作用的重要载体，成为党员服务群众和联系群众的自觉行动。

3.坚持开展党员义工服务与解决实际问题相结合。要加强对党员的教育，使义务奉献精神深入到每个党员的心中。鼓励党员充分发挥自身特长，积极主动地参加义务奉献活动。同时，又要密切关注群众所想所盼，针对群众生产生活和社会生活中急需解决的突出问题，力所能及地为群众办实事、做好事、解难事，增强群众对党员义工服务活动的认同和支持。开展各类服务活动，要用群众需不需要来衡量。要用群众满意不满意来检验，要在扩大影响力与覆盖面、增强实效性上下功夫。

四、服务内容

1.开展教育培训服务。深入基层，积极向群众宣传党的路线、方针和政策，引导广大党员和群众加深对世情、国情和党情的了解。深入学校和社区，做好未成年人和青少年的思想道德教育工作。支持和帮助企业、社区、农村等基层单位对党员和入党积极分子实施政治素质和业务素质培训。

2.开展扶弱济困服务。关爱社会弱势群体,向需要帮助的鳏寡孤独、伤病残、失学儿童和下岗失业人员,提供力所能及的援助和帮扶。

3.开展便民利民服务。面向基层、面向群众,积极开展与群众生产生活息息相关的心理咨询、卫生咨询、政策咨询,以及义务献血、法律援助、投资理财、家电维修等服务。

4.开展环境保护服务。面向居住社区,定期或不定期开展环保知识宣传,认养社区绿地,管护社区公共设施,开展环境净化、绿化和美化义务服务活动。

5.开展维护稳定服务。参加交通管理,协助维护秩序。参加社区治安,义务值勤,维护社区治安,协助做好刑释解教人员、迷信邪教人员的思想转化和社会帮教工作,积极开展普法宣传,做好民事调解,妥善化解邻里矛盾纠纷,维护社区稳定。

6.开展大型活动服务。力所能及地支持和参与各种文明创建、城市管理等活动,为公益性机构提供社会调查、策划宣传、协助管理等公共服务,为大型活动提供联络接待、专业协助等服务。

五、工作要求

1.注重舆论宣传,营造浓厚氛围。各部门(单位)机关党组织要通过适当形式进行专题动员部署,认真做好宣传发动工作。要引导广大党员充分认识新形势下开展党员义工服务活动的重要意义,了解党员义工服务的内容和要求,营造"有时间做义工、有困难找义工"、"是党员当义工"的氛围。要按照活动的整体要求,从实际出发,制定工作计划,落实工作措施,及时研究解决活动过程中遇到的问题,推进活动健康有序开展。

2.及时组建党员义工服务组织,发展党员义工队伍。成立"党员义工服务中心",承担机关党员义工服务活动的规划、组织、指导、管理等工作。各部门(单位)机关党组织均成立"党员义工服务站",形成覆盖各级党组织和广大党员的组织体系。要挑选有组织能力、责任心和事业心强的同志担任服务站、服务队的负责人。

义工队员"五个一"要求:

自备一个小红帽(亮出你的身份);

自备一个笔记本(记录下自己的每次行动和体会);

自备一个工作包(装水带饭带上你的工具);

自制一个服务发展计划(凡事有备而来);

自我总结出一套服务经验(与大家共享交流)。

3.切实加强工作指导和督查考核。各党支部(总支)要把开展党员义工服务活动纳入党建工作的总体规划,做到有计划、有部署,过程有指导、有督查,年底有考核、有奖惩,活动有台账、有档案。要加大工作指导的力度.逐步建立和完善党员义工注册登记制、服务认证制、定期汇报制、星级评审制、奖惩激励制等管理制度,切实加强对党员义工服务站的指导和管理。各党组织在固定场所悬挂党员义工服务站(队)标牌,统一党员义工服务站(队)标牌、队旗、党员义工服务活动证、徽章。党员义工开展情况将作为评选"党建工作示范点",评选"先进基层党组织"、"优秀共产党员"的重要依据之一。

xx县直机关党委
二〇xx年x月x日

范例② 总纲分章式章程

xx区企事业单位人民调解工作联席会章程

第一章 总则

第一条 团体名称:xx区企事业人民调解工作联席会(以下称本会)

第二条 本会是驻区企事业为适应社会矛盾纠纷多样性、群体性、综合性的发展趋势,整合企事业单位调解资源,提升调解能力,从而推动企业经济发展的松散型社会性团体。

第三条 本会宗旨:贯彻落实"三个代表"重要思想和创建"平安xx"总体要求,紧紧围绕改革、发展、稳定大局,充分发挥企事业人民调解组织的作用,依法履行调解工作职责,进一步维护企业和社会稳定,促进企业经济发展。

第二章　职能和任务

第四条　本会职能是:

1.贯彻落实区社会矛盾纠纷调处中心的指令,定期通报企事业单位矛盾纠纷调处情况;

2.整合企事业单位调解资源,为企事业单位重大疑难矛盾纠纷的调处提供服务;

3.加强企事业单位与政府部门的联系,及时协调解决各类矛盾纠纷;

4.宣传我国人民调解制度,开展人民调解理论研究,不断探索和深化人民调解工作的新方法、新经验。

第五条　本会的任务是:

1.对会员单位的调解人员进行思想政治、职业道德及业务培训,组织他们学习党和国家的方针、政策,学习国家的法律法规和人民调解知识;

2.协调会员之间的关系,加强会员单位调解组织间的业务往来与交流活动;

3. 向政府及有关部门反映人民调解工作和社会主义民主与法制建设的情况,提出加强这方面工作的建议。

第三章　会员

第六条　本会会员为单位会员。凡驻区建立人民调解组织的企事业单位经申请均可以成为会员。

第七条　会员享有下列权利:

1.本会的选举权、被选举权和表决权;

2.参加本会活动,对本会工作有批评建议权和监督权;

3.向本会提出维护其合法权益的要求。

第八条　会员履行下列义务:

1.执行本会的决议;

2.维护本会的合法权益;

3.参加本会活动,完成本会交给的任务;

4.向本会反映情况,提出工作建议。

第四章　组织机构

第九条　本会最高权力机构是会员代表大会,会员代表大会的职权是:

1.制定和修改章程;

2.审议联席会工作报告;

3.决定终止事宜;

4.决定其他重大事项。

二○xx年x月x日

第六节　规程

撰写要领

一、规程的概述

规程是对某一事项或操作在一定范围内要求人们遵守的统一的要求和程序。其目的是规范人们的行动,以便有一个正常的生产和活动的程序。

规程多用于一些具体的、事务性的稳定而通用的处理问题的方法。常见的规程有管理行政事务的和管理专业事务的两类。

二、规程的写作格式

规程的基本格式一般由标题、正文、署名和日期三部分组成。

(一)标题

一般采用"××操作规程"、"××活动规程"的形式。

(二)正文

分条写出规程的各项具体内容,一般要包括整个活动的每个环节。

(三)署名和日期

一般写在正文的右下方。有的也可不要署名和日期。

三、规程的写作要求

(一)各项要求和程序要有科学依据,不能脱离实际。

(二)内容要具体、准确,要按逻辑顺序,分清条理。

(三)语言要通俗,文字要简洁,并且要易懂易记,便于操作。

经典范文

范例1 竞赛规程

20××年全国国际象棋锦标赛(个人乙组)竞赛规程
国家体育总局
20××年×月×日

一、**主办单位：**

国家体育总局棋牌运动管理中心

二、**承办单位：**

河南省社会体育管理中心

河南省棋类协会

河南省全民健身协会

三、竞赛时间和地点：

8月3日—8月8日在河南省××市

四、参赛资格：

凡已注册的棋手均可报名参赛。

五、竞赛办法：

(一)分男女组比赛,采用瑞士制,赛11轮。

(二)比赛用时为每方1小时30分,每步棋加30秒。

六、录取名次及奖励：

(一)男、女分别计算成绩。

(二)男女组前3名升入甲组。

(三)计算国内、国际等级分。

七、裁判和仲裁：

(一)裁判长和编排长由国家体育总局选派,其他裁判由承办单位根据需要按精干原则选派。

(二)仲裁：

1.仲裁委员会人员组成为国家体育总局1人,承办单位1人,领队、教练和运动员中选3人。

2.职责范围按《仲裁委员会条例》执行。

八、报名与报到：

(一)2010年7月20日前,各参赛单位须将参加比赛运动员名单一式二份报给国家体育总局棋牌运动管理中心。

地址：××××

邮编：××××

电话：××××

邮箱：××××

(一)报名表须加盖省级体育主管部门公章,否则报名无效。

(三)报名后因故不能参赛者,须在赛前30天申报国际象棋部。报名后无故未参赛者,取消下一年度参赛资格。

九、器材和经费：

（一）棋子、棋盘、棋钟应按国际棋联器材标准的要求，事先由裁判长确认。

（二）各队食宿经费自理。食宿费按大会要求统一执行，每人每天170元。比赛地点在河南华云宾馆。

（三）大会负责竞赛、裁判、宣传、接待费用。

十、未尽事宜由承办单位另行通知。

附件：2010年全国国际象棋锦标赛（个人乙组）报名表（略）

范例 2　会议规程

会议工作规程
××市政府　××××年×月×日

一、会议准备

（一）会议组织者要做好调查研究，与分管领导商定会议议题，准备必要的会议材料，并相应做出提供决策方案。

（二）确定会议的议题和会议召开的时间、地点、参加人数、组织者、主持人，每周四报党办统一安排在下一周"全院性会议及活动安排"上。若临时召集会议，可另行打印通知或电话通知。

（三）院属各单位接到会议安排表或会议通知后，要落实与会人员，经组织单位同意方可请假或调换与会人员。

（四）会议组织者要根据需要，与有关部门联系安排车辆接送与会人员。

（五）会议组织者根据会议要求做好会场布置工作。包括：1.会场环境卫生；2.桌椅摆放，领导来宾座次安排；3.音响、摄影、摄像、录音、灯光、冷暖设备（空调、风扇）等器材的准备；4.会标张贴、悬挂；5.茶水、茶具；6.鲜花摆放；7.会议所需材料准备；8.其他会议准备工作。会场布置完毕，组织单位领导要检查布置情况，查漏补缺。

二、会务服务

（一）会议组织者要在会议开始之前派人到会议现场，对会场准备做最后检查。会场如有空调设备，冷、热天要提前5分钟开好空调。

（二）会议组织者做好与会人员的签到工作。

（三）会议组织者派人分发材料，供应茶水。

（四）会议组织者要派人做好会议记录，记录内容包括：会议名称、时间、地点、主持人、参加人员、会议内容等，记录要做到真实、准确、完整，重要内容要记清原话，用速记号记录的，要及时整理，防止遗忘；记录笔用碳素墨水或蓝黑墨水；记录纸两边、上下要适当留空，便于装订存档。

（五）根据需要适当安排摄影、摄像。

三、会后工作

（一）安排车辆送与会人员。

（二）将会议记录交党办统一存查，待年度归总、存档。

（三）会议若需形成会议纪要印发的，组织单位要拟好文稿，送党办按公文处理办法印发。

（四）会议形成的决议，由组织单位协调落实。

（五）会议结束后，组织单位要派人清理会场，关好电源、窗门，搞好卫生工作。

（六）为严肃会纪会风，对会议迟到、无故不参加会议的单位与会人员进行通报。会议的会务工作涉及的部门，要积极配合组织单位把会务工作做好。

范例3　操作规程

电工安全操作规程

一、工作前必须穿戴好工作服、胶鞋、胶皮手套等，一切防护用品必须正确使用。

二、一切电气设备在未经检查、证明无电之前,应一律以为有电,做有无电试验时须用试电工具或仪器进行,不论在任何条件下,绝对禁止用手摸导电部分或试验设备等。

三、电盘配电箱、母线干线及其他电气设备的安装和修理工作,不得少于二人,工作时检查是否有电之后,断电部分各项必须短路或接地,做短路或接地时必须戴胶皮手套、穿胶鞋。

四、在设备断电部分上开始工作之前必须在设备断电部分送电的刀闸上标明"禁止合闸"、"有人工作"等字样的标示牌。

五、电机运转时绝对不允许修理电动机及启动设备,在低压电气设备上进行安装或修理工作时,必须切断电源。

六、进行修理工作时,拆下电动机与电路的接线头、灯座、插销座等所有线头,均应用绝缘胶布仔细包好。

七、修理一切电气设备时,如中途因故暂停,需要重新工作时,必须查明各项设备的变化,待充分了解后方可进行工作。

八、登杆作业时应首先检查杆子是否牢固,传递工具或材料时不得抛掷,必须用绳子系牢提上;禁止在电线拉紧的方向工作,以防断线伤人。

九、各开关附近绝对禁止放置导电性、爆炸性物品或易燃品,遇发生火警时,应立即切断电源,电气设备起火仅可使用四氯化碳灭火机或用砂扑灭,不可用水或泡沫灭火机。

十、任何电器发生意外事故,值班人员必须迅速截断其电源,正确处理,保护好现场,并立即报告领导。

十一、各种电气设备所需之保险丝必须按照规定容量安装,严禁用铜丝或过大容量物代替,如果保险丝熔断必须查明原因,及时排除故障。

十二、在特殊情况下,必须带电工作时,要保证带电作业绝对安全,禁止单独一人进行,必须有一熟练技工随同监护指挥,负责安全责任。

××工具设备有限公司技安处

二〇××年×月×日

第七节 公约

撰写要领

一、公约的概述

公约是一定范围或行业的社会成员(或代表)在自愿的基础上,经过充分酝酿订立并要求共同遵守的行为准则和道德规范。公约多用于规定公共道德和行为规范。如文明公约、爱国卫生公约、乡规民约、农村干部公约、安全行车公约等。公约具有一定的约束力,能对生产、工作、学习等起到一定的督促和推动作用。

二、公约的特点

公约是在大家共同的思想认识和一致要求的基础上订立的,它一经订立,便发生作用。公约虽然不像法律、法令等文件那样带有强制性,但是对有关单位和群众都具有一定的约束力,要求大家一致遵守,使大家明确该这样做,不该那样做。公约是群众进行自我教育的很好的一种形式,它对工作、生活和学习能起一定的督促和指导作用。

三、公约的分类

公约有两种,一种是广义的公约,是国与国之间关于经济、技术或法律等方面专门问题的多边条约。如 1874 年的《万国邮政公约》,1930 年的《国际船舶载重线公约》,1949 年的关于保护战争受难者的《日内瓦公约》。

另一种公约是狭义的公约,是指人民群众为了维护劳动纪律或公共秩序,或为了公共利益,更好地贯彻党的方针政策或有关指示,保证学习、生产、工作任务的胜利完成,经集体讨论,把约定要做到的事情或不应当做的事情,应该宣传的事情或必须反对的事情,明确地写成条文,以便共同遵守,如拥军公约、学习公约、爱国卫生公约、服务公约、计划生育公约、乡规民约等。

四、公约的写作格式

公约格式由以下三个部分组成:

(一)标题

标题应标明公约的名称,说明公约的性质,也可以加上地区或单位名称,如《北京市各界人民拥军优属公约》等。

(二)正文

公约正文一般包括三个部分:

1.开头。写明订立公约的原因和目的。

2.公约内容。分条列写公约的具体内容。

3.结尾。提出希望,安排检查事宜。

(三)署名与日期

在右下方写上订立公约的单位名称与日期。如标题上已写单位名称的,只需写清日期。

经典范文

范例1 行业公约

中国互联网行业自律公约

第一章 总则

第一条 遵照"积极发展、加强管理、趋利避害、为我所用"的基本方针,为建立我国互联网行业自律机制。规范行业从业者行为,依法促进和保障互联网

行业健康发展,特制定本公约。

第二条 本公约所称互联网行业是指从事互联网运行服务、应用服务、信息服务、网络产品和网络信息资源的开发、生产以及其他与互联网有关的科研、教育、服务等活动的行业的总称。

第三条 互联网行业自律的基本原则是爱国、守法、公平、诚信。

第四条 倡议全行业从业者加入本公约,从维护国家和全行业整体利益的高度出发,积极推进行业自律,创造良好的行业发展环境。

第五条 中国互联网协会作为本公约的执行机构,负责组织实施本公约。

第二章 自律条款

第六条 自觉遵守国家有关互联网发展和管理的法律、法规和政策,大力弘扬中华民族优秀文化传统和社会主义精神文明的道德准则,积极推动互联网行业的职业道德建设。

第七条 鼓励、支持开展合法、公平、有序的行业竞争,反对采用不正当手段进行行业内竞争。

第八条 自觉维护消费者的合法权益,保守用户信息秘密;不利用用户提供的信息从事任何与向用户作出的承诺无关的活动,不利用技术或其他优势侵犯消费者或用户的合法权益。

第九条 互联网信息服务者应自觉遵守国家有关互联网信息服务管理的规定,自觉履行互联网信息服务的自律义务:

(一)不制作、发布或传播危害国家安全、危害社会稳定、违反法律法规以及迷信、淫秽等有害信息,依法对用户在本网站上发布的信息进行监督,及时清除有害信息;

(二)不链接含有有害信息的网站,确保网络信息内容的合法、健康;

(三)制作、发布或传播网络信息,要遵守有关保护知识产权的法律、法规;

(四)引导广大用户文明使用网络,增强网络道德意识,自觉抵制有害信息的传播。

第十条 互联网接入服务提供者应对接入的境内外网站信息进行检查监督,拒绝接入发布有害信息的网站,消除有害信息对我国网络用户的不良影响。

第十一条　互联网上网场所经营者要采取有效措施,营造健康文明的上网环境,引导上网人员特别是青少年健康上网。

第十二条　互联网信息网络产品制作者要尊重他人的知识产权,反对制作含有有害信息和侵犯他人知识产权的产品。

第十三条　全行业从业者共同防范计算机恶意代码或破坏性程序在互联网上的传播,反对制作和传播对计算机网络及他人计算机信息系统具有恶意攻击能力的计算机程序,反对非法侵入或破坏他人计算机信息系统。

第十四条　加强沟通协作。研究、探讨我国互联网行业发展战略,对我国互联网行业的建设、发展和管理提出政策和立法建议。

第十五条　支持采取各种有效方式,开展互联网行业科研、生产及服务等领域的协作,共同创造良好的行业发展环境。

第十六条　鼓励企业、科研、教育机构等单位和个人大力开发具有自主知识产权的计算机软件、硬件和各类网络产品等,为我国互联网行业的进一步发展提供有力支持。

第十七条　积极参与国际合作和交流,参与同行业国际规则的制定,自觉遵守我国签署的国际规则。

第十八条　自觉接受社会各界对本行业的监督和批评,共同抵制和纠正行业不正之风。

第三章　公约的执行

第十九条　中国互联网协会负责组织实施本公约,负责向公约成员单位传递互联网行业管理的法规、政策及行业自律信息,及时向政府主管部门反映成员单位的意愿和要求,维护成员单位的正当利益,组织实施互联网行业自律,并对成员单位遵守本公约的情况进行督促检查。

第二十条　本公约成员单位应充分尊重并自觉履行本公约的各项自律原则。

第二十一条　公约成员单位之间发生争议时,争议各方应本着互谅互让的原则争取以协商的方式解决争议,也可以请求公约执行机构进行调解,自觉维护行业团结,维护行业整体利益。

第二十二条　本公约成员单位违反本公约的,任何其他成员单位均有权及时向公约执行机构进行检举,要求公约执行机构进行调查;公约执行机构也可以直接进行调查,并将调查结果向全体成员单位公布。

第二十三条　公约成员单位违反本公约,造成不良影响,经查证属实的,由公约执行机构视不同情况给予在公约成员单位内部通报或取消公约成员资格的处理。

第二十四条　本公约所有成员单位均有权对公约执行机构执行本公约的合法性和公正性进行监督,有权向执行机构的主管部门检举公约执行机构或其工作人员违反本公约的行为。

第二十五条　本公约执行机构及成员单位在实施和履行本公约过程中必须遵守国家有关法律、法规。

第四章　附则

第二十六条　本公约经公约发起单位法定代表人或其委托的代表签字后生效,并在生效后的30日内由中国互联网协会向社会公布。

第二十七条　本公约生效期间,经公约执行机构或本公约十分之一以上成员单位提议,并经三分之二以上成员单位同意,可以对本公约进行修改。

第二十八条　我国互联网行业从业者接受本公约的自律规则,均可以申请加入本公约;本公约成员单位也可以退出本公约,并通知公约执行机构;公约执行机构定期公布加入及退出本公约的单位名单。

第二十九条　本公约成员单位可以在本公约之下发起制定各分支行业的自律协议,经公约成员单位同意后,作为本公约的附件公布实施。

第三十条　本公约由中国互联网协会负责解释。

第三十一条　本公约自公布之日起施行。

二〇xx年x月x日

范例 2　文明公约

××市人民文明公约

为倡导社会主义的道德风尚，提高全市人民的文明素质，特制定本公约，望自觉遵守。

一、热爱祖国，热爱人民，热爱社会主义，热爱××市。

二、礼貌待人，热情好客，敬老爱幼，诚实守信，见义勇为。

三、努力学习科学文化，积极做好本职工作，为建设××多作贡献。

四、遵纪守法，维护公共秩序，爱护公共设施，不酗酒，不赌博，不打架斗殴。

五、家庭和睦，邻里团结，赡养老人，教育子女，积极参加社会公益活动。

六、移风易俗，计划生育，勤俭节约。婚丧事简办，不搞封建迷信活动，抵制淫秽书画、录音录像。

七、讲究卫生，保持楼院、街道和公共场所的环境整洁，不随地吐痰，不乱扔杂物。

八、植树栽花，保护鸟类，美化环境，不乱贴广告，不乱设摊点。

××市人民政府
二〇××年×月×日

第八节 守则

撰写要领

一、守则的概述

守则是国家机关、社会团体、企事业单位为维护公共利益和工作秩序,向所属成员发布的行为准则和道德规范。守则根据本单位具体情况制定,是工作中的具体操作规范,有特定的使用范围和较强的针对性。

守则的制定有三个依据:一是党和国家的方针、政策;二是有关法律、法规;三是全社会共同遵守的道德规范。因此,遵守守则,实际上也就是遵纪守法,就是讲文明、讲道德。

二、守则的特点

守则具有如下特点:

(一)概括性

守则篇幅短小,写作时要用简明概括的语言行文,不能写得太繁杂。

(二)针对性

要根据党的路线、方针、政策,结合本地区、本系统、本单位的实际情况,有针对性地拟定具体条文。

(三)准确性

在文字表述上,提倡什么,反对什么,应该准确、明白,不能模棱两可,含糊不清。

(四)可行性

所规定的条文,所提出的要求,应该实事求是,切实可行,通过努力可以做到,防止要求过高,变成一纸空文。

(五)通俗性

语言应明白、流畅、通俗易懂,防止长句和专业术语的大量运用。

三、守则的作用

守则对其所涉及的成员有约束作用,但守则从整体上说属于职业道德范畴,不是法律和法规,不具有强制力和法律效应。也就是说,如果有人不按守则办事,可能并不违法,但至少是违背了道德准则,会受到人们的批评和谴责。它旨在培养成员按道德规范办事的自觉性,对本系统、本单位、本部门的工作、学习、生活也能起到一定的保证、督促作用。

四、守则的写作格式

守则一般由标题、正文和签署三部分构成。

(一)标题

守则的标题由发文机关、事由和文种类别(守则)组成,有时可省去发文机关和事由,只写"××人员守则"或"守则"。

(二)正文

守则的篇幅一般比较短小,多采用通篇分条式写法。如果内容复杂,为了更有条理性,也可采用章条式写法,由总则、分则、附则三部分组成,下面再分章,章下再分条。

在正文的写作中,条与条之间的划分是否符合逻辑规律,能不能做到条理清楚,层次分明,是写作守则成败的关键。另外还要注意语言表达的简练、质朴、准确。

(三)签署发文机关和日期

如标题中已标明发文机关,或标题下标明了发布日期,这部分内容可以省略。

五、写守则时要注意的事项

(一)守则因为需要有关人员遵守,涉及的人比较多,因此必须简短、精练、易记。

(二)写法多半是把内容概括为几条,甚至是朗朗上口的若干短句或词组,以便群众容易掌握。

(三)分析情况要认真细致。

(四)确定目标要实事求是。

(五)措施步骤要切实可行。

(六)条目要分明,语言要简洁。

经典范文

范例1 原则性守则

干部守则

一、学习理论掌握政策,基本路线时刻牢记。

二、振奋精神开拓进取,两个文明共同抓好。

三、扶正祛邪树立形象,三讲四自牢固根基。

四、调查研究深入实际,群众路线铭记在心。

五、民主集中两相结合,班子之间团结协作。

六、贯彻政策重在落实,不折不挠勇往直前。

七、处理问题有章可循,勤政为民全心全意。

八、待人接客有礼有节,答复问题有据有理。

九、上班值班遵守时间,工作环境保持整洁。

十、虚心谨慎接受监督,知错即改严于律己。

中共xx市xx区委员会
xxxx年x月x日

范例 ② 完整性守则

机关工作人员守则

一、加强学习，坚定信念。认真学习马列主义、毛泽东思想、邓小平理论和"三个代表"重要思想，全面落实科学发展观，坚持党的基本理论、基本纲领和基本路线，树立坚定的共产主义理想信念，坚定不移地贯彻执行党和国家的路线、方针、政策，在思想上、政治上和行动上与党中央保持高度一致。

二、依法行政，秉公办事。自觉遵守国家法律、法规和规章，按照职责权限和法定程序认真履行职责，严格依法行政，秉公办理公务，做学法、守法、用法和维护法律、法规尊严的模范。

三、恪尽职守，勤奋敬业。爱岗敬业，忠于职守，勤奋工作，甘于奉献，坚持高标准、严要求，以对党和人民的事业高度负责的精神，认真扎实做好本职工作。大力改进工作作风，讲究工作方法，改善服务态度，加快工作节奏，不断提高行政效率和工作质量，充分发挥参谋助手作用。

四、牢记宗旨，执政为民。时刻牢记全心全意为人民服务的根本宗旨，进一步强化为基层和群众服务的意识，密切联系群众，深入调查研究，体察社情民意，倾听群众呼声，关心群众疾苦，维护群众利益，自觉接受群众批评监督。

五、求真务实，开拓创新。坚持解放思想，实事求是，倡导说实话，报实情，办实事，求实效，一切从实际出发，按客观规律办事，力戒形式主义、官僚主义，反对弄虚作假、虚报浮夸。勤于思考，勇于创新，与时俱进，锐意进取，大胆开拓，创造性地开展工作，努力争创一流工作业绩。

六、顾全大局，团结协作。严守党的政治纪律和组织纪律，认真执行上级的决定和指示，确保政令畅通。服从大局，密切协作，相互支持，齐心协力做好各项工作。敢于坚持真理，勇于改正错误，开展积极的批评与自我批评，努力营造心齐风正，团结奋进的良好氛围。

七、艰苦奋斗，廉洁自律。自觉贯彻执行中央关于党风廉政建设的各项规定，清正廉洁，不谋私利，奉公守法，不搞特殊，艰苦奋斗，不求名利，节俭朴素，不图享受。

八、增强党性，崇尚公德。自觉加强党性锻炼和思想道德修养，模范遵守职业道德和社会公德，光明磊落，忠诚守信，言行一致，谦虚谨慎，与人为善，乐于奉献，遵章守纪，行为规范，仪表整洁，举止端庄，文明礼貌。服务热情。保守国家秘密和工作秘密。严守外事工作纪律，自觉维护国家的安全、荣誉和利益。

××机关办公室
××××年×月×日

范例③ 行业性守则

××市国家保密局机关工作人员守则

一、坚持正确的政治方向，自觉与党中央保持高度一致。

二、努力学习马列主义、毛泽东思想、邓小平理论、"三个代表"重要思想和科学发展观。结合本局实际，学习政策和有关业务知识，努力提高政策理论水平和工作能力。

三、遵守宪法、法律、法规和机关的各项规章制度。

四、作风正派、办事公道、一切言行都要符合国家和人民的利益及本局的利益。

五、爱岗敬业、勤奋工作、服从命令。

六、公正廉洁、克己奉公、严于律己、宽以待人。

七、尊重领导、团结同志、礼貌待人、文明办公。

八、树立整体观念和大局意识，工作相互支持、密切配合，维护机关工作的协调性。

九、深入调查研究、认真听取职工的意见和要求,努力帮助他们排忧解难。

十、保守国家秘密和工作秘密。

××市国家保密局办公室

××××年×月×日

第6章
工作会议类公文写作

第一节 会议预备通知

撰写要领

一、会议预备通知的概述

会议预备通知是通知中较为特殊的一种类型。党政机关在召开某些重大会议时，需要在正式会议召开之前让参加会议的所属单位或个人做一些准备工作。这些准备工作，工作量较大，需要较长时间才能完成，常需要这一文体。

会议预备通知属于一种"预备通知"，与预备会议的通知不同，后者属于一般性的通知。

二、会议预备通知的写作格式

会议预备通知由标题、正文和落款三部分构成：

(一)标题

由发文机关、事由和文种类别"预备通知"字样组成，一般不宜省略，特别是"预备"二字要标明，以示与其他类型的通知相区别。

(二)正文

预备通知的正文，开头也是受文单位，顶格列出；其次写发文目的；再接下去写通知事项。通知的具体事项可分条陈述。

(三)落款发文机关、日期

会议预备通知的内容是会前受文单位需要准备的事项，会议的程序和内容不应列入，未列入的内容应在正文结束处用"将另行通知"字样交代清楚。如有"登记表"、"名额分配表"之类的附件材料，也应在正文中有所交代，附在通知后面。

经典范文

范例 1　会议预备通知

关于召开乡镇企业工作会议的预备通知

各县区委、人民政府，市直各单位，军分区：

　　为使我市乡镇企业在治理整顿中继续稳定健康发展，市委、市政府拟在7月底8月初召开全市乡镇企业工作会议。现将有关事项通知如下：

　　一、会议目的：这次会议重点研究讨论我市乡镇企业当前面临的新情况、新问题，总结交流经验，统一思想认识，研究部署进一步推动我市乡镇企业持续稳步发展的措施和意见。

　　二、总结交流的重点着重围绕以下五个方面：

　　(1)如何按照国家的产业政策和市场需求，合理调整产业、产品结构。

　　(2)怎样解决好"半拉子"工程问题。

　　(3)如何解决好目前乡镇企业面临的资金短缺、原材料紧张、能源不足等方面的实际问题。

　　(4)如何进一步深化企业改革，推进科技进步，强化企业管理，提高经济效益。

　　(5)如何正确处理农业和乡镇企业的关系，加强乡镇企业的领导，做到互相促进、协调发展。

　　三、参加人员：各县区(场)党委书记或县区(场)长、乡镇企业局长，每一个县区一名乡(镇)书记或乡(镇)长、一名企业厂长(经理)，市直有关部门负责人。

望各地按照上述通知要求,组织力量,认真搞好调查研究,做好会前准备。会议的具体时间、地点另行通知。

中共××市委办公室
××市人民政府办公室
××××年×月×日

第二节 会议记录

撰写要领

一、会议记录概述

会议记录是一种配合会议的召开而使用的文书。是记录会议的组织情况、议程、内容等基本情况而形成的书面材料。会议记录是反映会务活动的重要材料,是传达、贯彻、执行会议精神的依据。会议所形成的会议纪要等文件,一般都要以会议记录为蓝本。

二、会议记录的写作格式

会议记录通常采用记录稿纸记录,一般包括两部分:

(一)会议的基本情况

记录的第一部分一般要包括会议名称、时间、地点、出席人数(人数较少时可直接记下出席人的姓名)、缺席人、列席人、主持人及记录人。

(二)会议内容

包括会议的议题、讨论过程、会议发言或讲话的内容、传达的问题或作出的决议等。会议记录结束时,一般无特殊规定,习惯上另起一行写"散会"、"完"、"结束"字样,以为标示。

会议记录的基本要求是真实、准确,会后及时整理。

经典范文

范例 1　办公会议记录

×××矿区行政办公会议记录

时间:2006年6月28日

地点:矿区办公楼会议室

主持人:程××主任

参加人:矿区副主任×××、劳资科科长×××、财务科科长×××、安全科科长××、人事科科长×××、办公室主任×××

会议议题:

1.二季度奖金发放办法;

2.自然减员招工方案;

3.有关人员的调动问题;

4.对违反劳动纪律人员的处理问题。

会议发言(依据发言顺序记录发言内容)(略)

会上达成的决议:

1.矿区二季度奖金按××总公司2006年1月制定的《奖金发放办法》(试行草案)第六条、第七条办。

2.这次自然减员招工,招收1985年以前参加工作的职工的子女,并实行文化统考,择优录取的办法(详细规定由劳资科负责制定)。

3.同意刘×同志以父母身边无人为理由,调往××容器厂工作;同意陈×同志与硫铁矿吴××对调,解决其夫妻长期两地分居问题。

4.对矿工盛×无故旷工三天的行为,责成劳资科在全矿区内给予通报批评,并扣发旷工工资及当月奖金。

范例2 摘要式会议记录

会 议 记 录

会议名称:××市人民政府会议

时间:20××年×月×日

地点:市政府主楼××会议室

出席:×××、×××、×××……

缺席:×××(因病)、××(去省开会)

列席:××(主管教育工作的副市长)、×××(市教委副主任)、××(市财政局长)

主持人:×××

记录:×××

议题:传达省教育工作会议精神,研究我市如何加强、改进教育工作。

发言内容、决定事项:(略)

范例 ③ 座谈会议记录

座谈会议记录

时间:2007年11月21日下午4时

地点:校小会议室

出席人:林××(校长)、张×(副校长)、李×(政教处主任)、米××(××公司董事长)、班主任四名(王××、崔××、邢××、孙××)、学生六名(衣××、曲××、李×、路×、冯××、王×)、赵×老师

主持人:张×

记录人:邢××

会议内容:就米××董事长资助六名贫困生一事座谈。

一、主持人讲话

今天,米董事长来我校与受资助的六名同学见面并将首次1000元/人的助学金发给这六名同学。

二、发言:

1.林××:今天,米董事长到我们学校来,资助我校的六名学生,我们对这种高尚品格表示钦佩和感谢。

2.米××(董事长):前些日子我听说了关于贫困生的家庭情况后,深有感触,我想为这些同学尽自己的一份力量,并将联络其他企业老总共同为他们排忧解难。

3. 邢××(班主任代表):我代表班主任老师对米先生的义举表示衷心的感谢!我们班主任老师将会更加关心和爱护这些同学,给他们更多的温暖,努力将他们培养成为国家和社会的有用之才。

4.曲××(学生代表):我们感谢米爷爷热心帮助我们完成学业。我们一定刻苦学习,力求上进,立志成才,不辜负米爷爷对我们的期望。

三、其他事项：

1.米董事长与六名同学进行简单交谈，了解了家庭状况。

2.米董事长向六名同学颁发资助金 1000 元/人。

3.学生有困难可随时与米董联系。

座谈会于下午 5:30 结束。

第三节 会议方案

撰写要领

一、会议方案的概述

方案是一种计划性公文,主要用于对比较复杂的工作做出全面的部署,因而也可以说是较为繁复的计划之一。

方案根据其内容和性质,可以分为不同种类,如用于工作的"工作方案",用于会议的"会议方案";带有综合性的"总体方案"和专就某项工作而订的"单项方案"。不论属哪种方案,结构和写法基本是相同的。

会议方案是一种为大型的或重要的会议所做的预设方案。会议方案要在会议召开前,对会议预期效果、整个日程做出安排,使会议能顺利进行,取得完满的结果。

会议方案有时还需要送达上级机关请示核准,带有某种请示或请示附件的性质。

二、会议方案的特点

(一)预想性

会议方案是在会议召开之前制订的。对为什么召开这次会议,怎样召开这次会议,会议将达到什么效果,都要事先做出设想和安排。这种设想和安排,一方面要根据实际情况,另一方面要凭借以往经验。对如何开好会议预想得越周到、越细致越好。

(二)程序性

凡召开会议必有一定程序,有些会议其程序大体都是固定的,因此在制订会议方案时,可以根据某种会议的特点和要求,确定其基本程序,以保证会议井然有序地召开。

(三)请示性

写会议方案还有一个目的,那就是报请上级领导部门批准召开这次会议,如这次会议的规模、程序、开法、经费使用等是否合适,请示审查批准。

三、会议方案的写作格式

会议方案通常由标题、正文、签署三个部分组成:

(一)标题

规范的写法应由召开单位、事由(会议名称)和文种类别"三要素"组成。个别情况有省略会议召开机关(发文机关)的。

(二)正文

通常由开头、主体和结尾三部分构成。在开头之前,有的要写明方案的送达机关。属于要送上级机关批示的,就写送达上级机关名称,属于要下级知晓的、发给与会机关或个人的,则写下级机关名称。开头部分应写明制文(开会)的缘由、单位、会议名称、会议时间、地点、会期等,大致相当于一般专题方案中的"指导方针"、"总体设想"部分。会议方案的主体部分,要写出会议的宗旨、规模、议程、做法和准备情况,相当于一般方案中"主要目标"、"实施步骤"和"政策措施"三项。结尾语部分的写作,要根据会议方案的性质而定,属下级机关请示上级机关的,可写上类似请示报告结尾的用语。如:"以上方案,当否,请批示。"

(三)签署发文机关、日期

属上级机关的"指导性"方案,多将日期标示在标题下,发文机关在标题中标明,不另外落款。

---经典范文---

范例 1　一般会议方案

××机械厂关于召开职工教育工作会议的方案

××市机械局：

为了贯彻落实中共中央、国务院《关于加强职工教育的决定》，我厂定于5月10日至15日，在厂招待所召开职工教育工作会议，特制订会议方案如下：

一、会议目的。认真学习中共中央、国务院《关于加强职工教育工作的决定》，传达省市教育工作会议精神，结合我厂实际情况，制定加强职工教育的规划，研究落实中青年职工的"双补"教育工作。

二、会议规模。主管教育工作的厂党委书记、厂长；厂部有关科室负责人、工作人员；各分厂主管教育工作的负责人；各车间主管教育工作的主任；工会、共青团各级主管教育工作的负责人，共58人。

三、会议日程。5月10日，传达省市教育工作会议精神，学习中共中央、国务院《关于加强职工教育工作的决定》。大会传达后，分组讨论，吃透上级精神，提高认识，端正态度。5月11日至15日，结合我厂实际情况制定加强职工教育规划，研究落实"双补"教育任务，解决"双补"教育中的各种实际问题。

四、会议采取大小会相结合的方法进行。10日上午举行开幕式，大会传达上级会议精神及中央文件，由党委书记×××作动员报告。15日下午举行闭幕式，宣读我厂加强职工教育规划，部署开展"双补"教育任务和措施。

五、会议准备工作。厂里准备抽调10名熟悉教育工作的同志，用半个月时间通过调查研究、上下结合,写出一份加强我厂职工教育工作,特别是开展"双补"教育工作的实施方案,并拟定加强职工教育工作五年规划》(草案),拿到会议上讨论修改。

六、会议经费。为了集中精力开好会,所有参加会议人员一律在招待所住宿。其各项开支见附表。

七、请局领导参加我们的会议,并请分管教育工作的×××局长在开幕式上讲话。关于讲话稿的撰写,将派专人面谈。

以上方案,当否,请批示。

××机械厂(公章)
××××年×月×日

范例② 大型会议方案

××县第十四届人民政府第六次全体会议筹备方案

经县人民政府研究,拟于××××年×月×日召开县第十四届人民政府第六次全体会议。现就会议筹备工作制订如下方案:

一、会议的主要任务

会议主要任务是,传达省委经济工作会议精神,认真总结××××年工作成绩和经验,安排部署当前工作及明年工作,为全面实现我县"十二五"规划起好步、开好局。

二、会议时间和地点

时间:××××年××月××日上午8:10

地点:××县政府四楼会议室

三、会议主持人及议程

(一)主持人:×××

(二)议程:

1.代县长×××传达省委经济工作会议精神,并安排当前工作;

2.各位副县长就分管工作进行总结并安排明年的工作；

3.经济局、商务局、财政局、建设局、交通局、林业局、畜牧局、信访局、体育局等单位作会议典型发言；教育局、公安局、水利局、烟草局、人民银行、县城综合执法监察大队提供书面发言材料；

4.县委、人大、政协、人武部领导讲话；

5.常务副县长×××作总结讲话。

四、会期和参会人员

××县第十四届人民政府第六次全体会议会期半天，出席会议的人员为县长、副县长、助理调研员、县政府办主任、副主任，县政府组成部门主要负责人；县委、人大、政协、人武部各一名领导；新闻记者1人。

五、筹备组织

成立县第十四届人民政府第六次全体会议筹备小组，由×××同志任组长，×××、×××、×××同志任副组长。下设3个职能组：

(一)资料组

组长：×××

成员：×××、×××、×××、×××

职责：

1.负责大会各类文件的起草、校对、印刷；

2.起草县领导在县第十四届人民政府第六次全体会议上的讲话；

3.起草会议主持词；

4.负责大会经验介绍材料的审核、把关。

(二)会务组

组长：×××

组员：×××、×××、×××、×××

职责：

1.负责落实政府领导、特邀人员的出席；

2.负责通知参会人员；

3.落实会议场地及会场布置(包括会标挂制、座位牌制作)；

4.负责大会的签到、分发会议材料；

5.负责大会期间安全保卫、医疗服务等后勤工作。

(三)宣传组

组长:×××

组员:新闻记者、×××

职责:

1.负责新闻报道的组织和策划、稿件审阅等工作；

2.负责政府公众信息网站报道全会工作,及时发布、更新内容。

六、工作要求

承办县第十四届人民政府第六次全体会议意义重大,政府办各组室一定要高度负责,充分认识召开这次会议对促进××经济社会全面快速发展的深远影响,提高会议服务水平。本次会议要求高、时间紧、任务重,县政府领导对召开本次全会十分重视,各组室一定要按照统一部署,明确各自的工作职责和分工,周密部署、精心组织、紧密配合、全力以赴,认真抓好筹备落实工作,确保会议圆满成功。

××县人民政府
××××年×月×日

第四节　会议纪要

撰写要领

一、会议纪要的概述

会议纪要是在会议后期,根据会议记录、会议文件等材料所撰写的,传达会议议定事项和主要精神,需要与会单位共同遵守执行的公文。这些会议一般没有做出决定或决议,会议纪要起到传达会议精神、交流情况、指导工作的作用。

二、会议纪要的适用范围

会议纪要适用于记载和传达会议情况和议定事项。就其基本特征而言,会议纪要应当算是一种实录性公文,是在对会议讨论的事项加以归纳、整理的基础上,将会议内容反映出来的公文文种。除了能够起到通报会议精神的作用外,上报上级机关的会议纪要往往还能起到反映情况、汇报工作的作用;下发下级机关的会议纪要,往往具有统一认识、指导工作的作用;抄送平行机关或不相隶属机关的会议纪要,则能起到交流信息、沟通情况、知照事项的作用。会议纪要是会议文件,但并非所有的会议都要形成会议纪要。通常只有大中型会议或比较重要的会议,才要求写会议纪要。特别是尚未形成正式决定,而讨论事项又要求有关人员了解的会议,则更需要写会议纪要。

三、会议纪要的特点

一是具有较强的提要性。会议纪要的依据是会议材料和会议记录,但它又不同于会议记录,它不能事无巨细、有闻必录,而是对会议主要精神、要点的提炼和概括。

二是具有决议的性质。它是对会议议定事项的概括和归纳,一经下发,便对有关单位和人员产生一种指示作用和约束力,实际上起着决议的某种作用。

三是具有存查备案的作用。有些会议纪要并非一定要贯彻执行,只是为了通报会议情况,让有关人员周知,在必要时查阅。这种会议纪要成文传阅后存档,以备查用。

四、会议纪要的写作格式

会议纪要一般由标题、开头、正文、结尾四部分组成。

(一)标题

标题是会议纪要的一个不可缺少的组成部分。会议纪要的标题有以下几种写法:

1.会议名称+文种。

2.会议名称+纪要内容+文种。

3.发文单位名称+会议名称+文种。

4.正题+副题。正题阐述会议的主旨、意义,副题交代会议名称、文种。

作为一种正式的公文,会议纪要的标题必须写得明确,决不能仅以"会议纪要"为题。

(二)开头

简要介绍会议的基本情况,叙述召开会议的根据、目的,会议的起止时间、地点,参加会议的人员,会议的基本议程、主要活动和会议的结果。

(三)正文

会议纪要的正文主要有三种写法:

1.条项式写法,即把讨论的问题和决定的事项,分条分项写出。会议讨论了几个问题,纪要就以几个问题各自成一点写出。工作会议纪要大多都用这种写法。这种写法,条条项项井然有序,便于理解、记忆、执行。

2.综合式写法,即把会议内容,按性质综合为若干部分,然后逐一写出。工作经验交流会纪要、学术问题研讨会纪要,一般都用这种写法。这种写法有一定的难度,但有利于概括丰富的内容,有利于从原则高度上把问题说深讲透。

3.摘录式写法,即摘要只记会上发言内容,按发言顺序或按内容性质归类写出。这种写法,通过摘录发言人的话,反映发言人的观点,使人觉得客观、真实。先写发言者的姓名,然后再记其发言。记发言者的第一次发言时,在姓名后可注明单位、职务。要注意不要全文、原话尽录,要摘其要点。

(四)结尾

一些会议纪要不单独写结尾,主体部分的最后一个问题写完即结束全文。有些会议纪要要单独写一段结尾,或是写会议主持人或其他领导人的总结讲话;或是对会议作出一些基本估价,发出号召,提出希望。

经典范文

范例 1 专题工作会议纪要

2008 年度安全工作会议纪要

2008 年度安全工作专题会议于 1 月 9 日下午在学院会议室召开。会议纪要如下:

一、会议由蔡××副院长主持。

二、参会人员有:蔡××副院长,院党政办、教务处、学工处、团委、继教中心、图书馆、后勤处、财务处、保卫处、外语系、国贸系、工商系、物流系和网络中心的有关人员。基建办、人事处、招生就业办、人文系和军体部没有派代表参加。

三、会议传达了省五部委印发的《福建省高等学校校园及周边秩序管理若干规定》。

四、保卫处在会上作了 2007 年度安全工作总结。

五、保卫处向与会人员通报了期末安全检查的情况并就寒假安全工作进行了部署。

六、会议通知各部门根据各自的具体情况重新设置安全员。

七、会议宣布了2008年度创建"平安校园"工作领导小组的成员名单。

八、会议就《校园安全工作考核评分标准(试行)》进行了讨论。

九、在会上各部门负责人与法人代表签订了《2008年度校园安全工作责任书》。

××对外经济贸易职业技术学院

二○××年×月×日

范例② 协调工作会议纪要

关于协调解决××大街×号首层房屋使用权问题的会议纪要

19××年2月2日上午,市政府办公厅×××主任主持召开会议,协调解决××大街×号首层房屋使用权问题。参加会议的有省政府办公厅交际处、××宾馆、市商委、市国土房管局、二商局、市外轮供应公司等有关部门的负责同志。

会议认为,××大街×号首层房屋使用权的问题,是在过去计划经济和行政决定下形成的历史遗留问题。早几年曾多次协调,虽有进展,但未有结果。最近,按照省、市领导同志"向前看"、"了却这笔历史旧账"的批示精神,在办公厅的协调下,双方本着尊重历史、面对现实、互谅互让的原则,合情合理地提出解决这宗矛盾的方案。

经过协商、讨论,双方达成了一致的认识。会议决定如下事项:

一、市外轮供应公司应将××大街×号房屋的使用权交给××宾馆。

二、考虑到市外轮供应公司在×号经营了30多年,已投入了不少资金,退出后,办公地方暂时难以解决,决定给予其商品损耗费、固定资产投资和搬迁费等一次性补偿费用共95万元。其中省政府办公厅和××宾馆负责80万元;考虑到省政府领导曾多次过问此事和省、市关系,另15万元由××市政府支持补助。

三、省政府办公厅和××宾馆的补偿款于 1994 年 2 月 7 日前划拨给市外轮供应公司。市政府的补助款于 3 月 5 日左右划拨，市外轮供应公司应于 2 月 15 日开始搬迁。2 月 20 日前搬迁完毕并移交钥匙。

四、市外轮供应公司原搭建的楼阁按房管部门规定不能拆迁。空调器和电话等 2 月 20 日前搬迁不了的，由××宾馆协助做好善后工作。

会议强调，双方在房屋使用权移交中要各自做好本单位干部群众的工作，团结协作，增进友谊，保证移交工作顺利进行。

××市政府办公厅
一九××年×月×日

范例 3　办公会议纪要

××大学校长办公会议纪要

2001 年 10 月 16 日上午，吴×校长主持召开第 18 次校长办公会。

出席会议的有：

吴×校长，汪××校长、洪××副校长、倪×副校长，校办刘×，监审处王×，财务处冯×。

列席会议的有：

人事处周××，"211"办任××，教务处杨××，实验室管理处潘××，理学院琚××。

会议议题和主要内容如下：

一、关于启动"211工程"二期建设有关项目的经费问题。会议研究决定，由财务处安排×××万元资金借给有关部门和单位，其中，借给实验室管理处××万元，用于支付基础电子线路实验室、基础化学实验室建设所形成的超预算外开支；借给图书馆××万元，用于支付图书馆自动化集成系统建设和共享资源检索设备购置的经费；借给现代教育技术中心（网管中心）××万元，用于支付北校区光纤建设费；借给教务处××万元，用于 9 个重点专业和第七、八、九批课程的建设投入;借给研究生部××万元,用于2002年新增学位点的建设和申报准备工作。前两项投入(实验室、图书馆)不足部分计×万元从"211工程"一期建设结余资金中支付。以上项目资金均以借款方式由财务处对各执行单位办理借支手续,待"211工程"二期建设资金到位后,从各相关单位的相关项目经费中扣还。

二、会议研究了关于××省地理研究所并入我校的有关事宜,讨论了《关于请求将××省地理研究所划转并入××大学的报告》的内容,责成理学院在认真听取学校领导和省科技厅的意见后进一步修改完善《报告》,待校领导最后修改定稿后,由校办尽快制成文件上报省教育厅并呈省政府。

三、听取了信息中心关于承办教育部"教育技术西部行"活动各项筹备工作的汇报,会议对有关事宜决定如下:

(一)成立"教育技术西部行"活动组委会。组委会由副校长洪××任主任,任××、邓××任副主任,杨××、戴××、杨××任委员;组委会下设办公室,具体负责筹备和开展"教育技术西部行"活动的各项工作。

(二)活动举办期间(11月10日~15日)所需要的报告厅、机房等场地、设施,请有关单位无偿提供使用。

(三)同意在我校成立"××省现代教育技术培训中心",由洪××副校长牵头拟文上报省教育厅批准。

四、关于原培训部的资产问题,会议责成监审处牵头,先对原培训部资产进行审计和清理,待审计清理结果出来后再行研究其归属。

五、鉴于××学院的特殊情况,会议同意××学院适当调整学生上课时间:上午上课时间往后推延15分钟,下午上课时间提前10分钟,课间休息时间及每节课时长和校本部一致。

此外,会议还就学校加强财务管理、严格经费审批制度的有关问题、《东南亚数学杂志》经费和办公用房问题、近期人事调配的有关问题等进行了研究。

××大学校长办公室
二○××年×月×日

范例④ 工作交流会议纪要

2007 年税收工作交流会议纪要

××字[2006]57 号

2006 年 11 月 22 日,××区统计局联合区内××国税局、××地税局、×××国税局、×××地税局四家税务部门召开了 2007 年税收工作交流会议。参加会议的有区统计局和四家税务部门的领导及具体工作人员。这次会议主要是就 2007 年统计、税务工作如何更好地为领导和社会提供服务等问题进行研讨。

一、关于统计资料中反映的税收数据的调整

1.会议听取了四家税务部门从专业角度对统计资料中反映的税收数据的具体内容、指标口径和对外提供形式提出的修改意见和建议。

2007 年××区社会经济统计资料由原来分税种反映的"区属税收"和分行业反映的"区域税收"两张表,调整为分税种反映的"区级税收"和"各项税收",分行业反映的"分行业税收"三张表。

2.会上明确了各税务部门每月向统计局提供的具体报表:国税部门提供各项税收完成情况月报表、税收完成情况表、反映区级税收完成情况表的本年累计及去年同期数据。

地税部门提供各项税费收入完成情况月报表、地方税收收入分产业统计月报总表的本年累计及去年同期数据。

3.为了更全面地对全区经济形势展开分析,更优质地为领导的宏观决策提供服务,各税务局每季度向统计局提供税收形势分析。

4.对于一些区里临时下达的工作,各税务部门也表示今后能够一如既往地支持统计局的工作。

二、关于修改后的实施时间

会议决定修改后的税收统计资料从 2007 年 1 月开始实施。

××区统计局
二○××年×月×日

第五节 函

撰写要领

一、函的概述

根据《国家行政机关公文处理办法》规定："函适用于不相隶属机关之间商洽工作，询问和答复问题，请求批准和答复审批事项。"函的答复功能仅仅适用于不相隶属的机关之间。

二、函的适用范围

在公文的应用中，函的用途是比较广泛的。不相隶属机关之间商谈公务、接洽工作、询问事情、征求意见、答复问题、请求帮助及告知情况、催办事务等。都可以使用函；向归口管理部门请求对某一事项予以批准，也可以使用函。函既可以在平行机关及不相隶属的机关之间使用，也可以在上下级机关之间使用。

三、函的特点

（一）沟通性

函对于不相隶属机关之间相互商洽工作、询问和答复问题，起着沟通作用，充分显示平行文种的功能，这是其他公文所不具备的特点。

（二）灵活性

表现在两个方面：一是行文关系灵活。函是平行公文，但是它除了平行文外，还可以向上行文或向下行文，没有其他文种那样严格的特殊行文关系的限制。二是格式灵活，除了国家高级机关的主要函必须按照公文的格式、行文要求行文外，其他一般函，比较灵活自便，也可以按照公文的格式及行文要求办。可以有文头版，也可以没有文头版，不编发文字号，甚至可以不拟标题。

(三)单一性

函的主体内容应该具备单一性的特点,一份函只宜写一件事项。

四、函的分类

按函件的内容的作用,可分为以下几类:

(一)告知函

告知性函是将某一事或某些情况(包括办理受托代办事项的情况等)告知有关部门(单位)时使用的一种函。

(二)请求函

请求批准的函,主要用于向平行或不相隶属的主管机关请求批准有关经费、物资、人员编制、机构设置、调配干部、税收、营业执照、招生、专业增减等事项,属于平行文。

(三)答复函

答复性函为答复对方来函所询问的问题时使用。上级机关对下级机关一般性的请示,除批复外,也可用函给予答复。

(四)审批函

审批函是主管部门对来文请批的事项审批后所作出答复的函。

五、函的写作格式

(一)标题

通常要求写明发文机关、内容与文种,如"××××关于联系临时借房问题的函"。如属回复问题的函,则多在"函"字前加"复"字。如"关于建设单位为动迁户建房问题的复函"。

(二)发文字号

函要有正规的发文字号,写法与一般公文相同,由机关代字、年号、顺序号组成。大机关的函,可以在发文字号中显示"函"字。

(三)主送机关

函的行文对象一般情况下是明确、单一的,所以多数函的主送机关只有一个。但有时内容涉及部门多,也有排列多个主送机关的情况。

(四)正文

需写明下述三部分内容:

1.制发函的根据与理由。如:"根据国务院国发[20××]×××号文件关于凡新建(包括统建和自建)、扩建宿舍,都应把必需的生活服务设施包括进去,商业服务网点应占新建扩建面积的7%左右的规定,请你局……"

2.商洽或询问(答复)以及请求批准的具体事项。要求中心明确、内容具体,方便对方办理或答复。

3.结尾。通常适宜使用致意性的词语,如"致以敬礼"、"谨致谢忱",或以"特此函告"、"特此申请"、"为盼"、"为荷"等专用语结束上文。

经典范文

范例1 告知函

关于执行新收费标准告知函

各特种设备安装、使用单位:

由省物价局、省财政厅制定的"关于印发《××省特种设备检验检测收费管理办法(试行)》及收费标准的通知(×价费(2007)134号)"自2007年8月1日起执行。原省物价局、省财政厅×价费[1992]229号文件《关于印发劳动系统行政事业性收费项目及标准的通知》中电梯、起重机械等特种设备安全监察、检验收费标准同时废止。

我所自即日起对相关特种设备检验收费按照新的收费标准执行。

特此告知

××市特种设备监督检验所
××××年×月×日

范例 ② 请求函

xx省人民政府办公厅
关于申请拨款维修省府机关办公室的函

省财政厅：

省府机关办公室多是五六十年代修建的，不少门窗破损，漏水严重，急需维修。为保证省府机关正常办公，请拨给房屋修缮费 10 万元。

xx省人民政府办公厅

xxxx年x月x日

范例 ③ 答复函

关于同意成立xx市劳动力市场工会分市场的复函

xx市总工会：

你会《关于申请成立xx市劳动力市场工会分市场的函》（x工函[2005]81号）已收悉。经研究，现就有关问题答复如下：

一、同意你会成立xx市劳动力市场工会分市场。请根据《xx市劳动力市场管理条例》有关规定，办理申领《公益性劳动力中介服务许可证》的相关手续，为社会提供公共就业服务。

二、xx市劳动力市场工会分市场须按照《xx市劳动力市场建设指引》设计布局。

三、成立xx市劳动力市场工会分市场所需经费请自行解决。

xx市劳动和社会保障局

xxxx年x月x日

范例 ④ 审批函

关于批准录用×××等
×名同志为国家公务员的函

省安全厅：

你厅《关于拟录用××届大中专毕业生的函》(××政[20××]×号)收悉。

根据中共××省委组织部、××省人事厅《关于部分省级机关从20××年应届高校、中专毕业生中考试录用国家公务员和机关工作人员的通知》的规定，经考试、考核合格，批准录用××名同志为国家公务员。

特此复函

附：录用人员名单（略）

××省人事厅
××××年×月×日

最新适用版

第 7 章
人事管理类公文写作

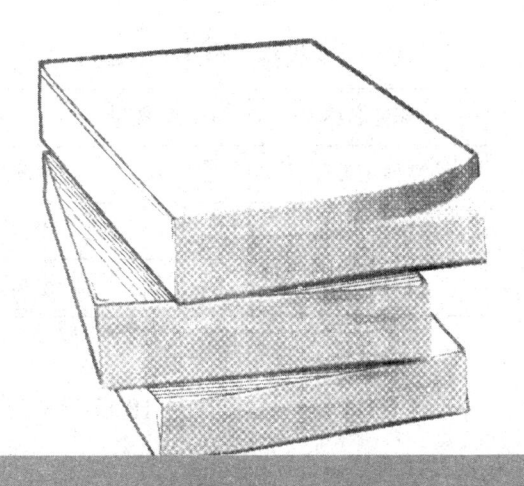

第一节　劳动文书

撰写要领

　　劳动文书,是指专用于劳动部门、企事业单位开展有关劳动管理工作而使用的一些文书。

经典范文

范例1　招聘计划书

企业员工招聘计划书

1.招聘目标(人员需求):

职务名称	人员数量	其他要求
软件工程师	18	本科以上学历,35岁以下
销售代表	20	大专以上学历,相关工作经验三年以上
行政文员	4	专科以上学历,女性,30岁以下

2.信息发布时间和渠道

（1）××晚报　　　3月18日

(2)××招聘网站　3月18日

3.招聘小组成员名单

组长:王岗成(人力资源部经理)　对招聘活动全面负责

成员:赵　刚(人力资源部薪酬专员)

　　　具体负责应聘人员接待、应聘资料整理

　　　刘雾英(人力资源部招聘专员)

　　　具体负责招聘信息发布、面试、笔试安排

4.选拔方案及时间安排

(1)软件工程师

资料筛选	开发部经理	截至3月25日
初试(面试)	开发部经理	3月27日
复试(笔试)	开发部命题小组	3月29日

(2)销售代表

资料筛选	销售部经理	截至3月25日
初试(面试)	销售部经理	3月27日
复试(笔试)	销售部副总	3月29日

(3)行政文员

资料筛选	行政部经理	截至3月25日
面试	行政部经理	3月27日

5.新员工的上岗时间预计在4月1日左右

6.招聘费用预算

(1)××日报广告刊登费　　　　4000元

(2)××招聘网站信息刊登费　　800元

　　　　　　　　　　　合计:4800元

7.招聘工作时间表

3月11日:起草招聘广告

3月12日~3月13日:进行招聘广告版面设计

3月14日:与报社、网站进行联系

3月18日：报社、网站刊登广告

3月19日~3月25日：接待应聘者、整理应聘资料、对资料进行筛选

3月26日：通知应聘者面试

3月27日：进行面试

3月29日：进行软件工程师笔试（复试）、销售代表笔试（复试）

3月30日：向通过复试的人员发放录用通知

4月1日：新员工上班

××公司人力资源部
××××年×月×日

范例2　举办大型招聘洽谈会审批及批准书

举办大型招聘洽谈会审批表

主办单位	
会议名称	
协办单位	
时间、会期	
地点	
经办人意见	签字：　　年　月　日
主管处长意见	年　月　日
处长意见	年　月　日
申请送达时间	
送达人	
接件人	
备注	

职业介绍机构举办招聘洽谈会批准书

×××：(职业介绍机构名称)

  你单位申请于××××年×月×日至×日在(办会地址)举办(××洽谈会)，经审核，符合规定，同意举办。

  特此批准

××市劳动保障局(公章)

××××年×月×日

第二节　聘书

撰写要领

一、聘书概述

聘书是聘请书的简称。它是用于聘请某些有专业特长或有名望、有权威的人完成某项任务或担任某种职务时的书信体文书。

随着机构改革，不仅聘用外单位的人到本单位工作要发聘书，就是聘请本单位其他部门的人员到本部门工作也要发聘书。聘书不仅起着告知被聘人的作用，而且表示聘者对受聘者的尊重。

二、聘书写作格式

(一)标题

一般是印刷好的，在封面上印上"聘书"二字，字号要求较大，制作美观、大方，有的套红、烫金。书写的聘书在用纸的第一行中间书写"聘书"或"聘请书"字样。

(二)称谓

称谓要顶格写被聘人的姓名和职务，后加冒号。

(三)正文

第一行顶格写，写被聘请人姓名、称呼，如"××先生"、"××同志"等。也可第一行空两格写"兹聘请×××先生"，接着写聘请他担任什么职务，或做什么工作，期限多久，待遇多少等。

(四)敬语

敬语多用"此聘"、"此致、敬礼"、"敬请台安，诸位垂鉴"、"专肃敬请台安，诸希朗照"、"敬请大安,诸位爱照"等等。敬语因性别及职业性质不同而略有不同,使用时应斟酌。

(五)署名

一般在正文后边,另起一行,偏右,署上聘请单位名称,并盖上公章。

(六)日期

紧接聘请单位名称后,另起一行写上年、月、日。

经典范文

范例 1 聘任制聘书

聘请书

为了提高教学质量,本校总部成立了××教学研究会。特聘请刘×老师为指导教师,参加教学研究,并关心、指导本校的教学工作。

此致

敬礼

××大学(盖章)
××××年×月×日

范例 2　合同制聘书

聘　　书

×××教授：

　　为了提高教学质量，以适应现代远程教育发展的迫切需要，我校成立了学科专家委员会。您长期以来一直进行××学科的建设，是资深教授。我校特聘您为学科专家委员会成员。聘期暂定三年。

　　此聘

××大学（公章）
校长×××
××××年×月×日

第三节 人事管理文书

撰写要领

人事管理文书,是指专用于人事部门开展工作而使用的一些文书。如企业人力资源管理方案等。

经典范文

范例1 企业人力资源管理方案

××公司20××年人力资源管理方案书

1.职务设置与人员配置

根据公司20××年发展计划和经营目标,人力资源部协同各部门制订了公司20××年的职务设置与人员配置方案。在20××年,公司将划分为八个部门,其中行政副总负责行政部和人力资源部,财务总监负责财务部,营销总监负责销售一部、销售二部和产品部,技术总监负责开发一部和开发二部。具体职务设置

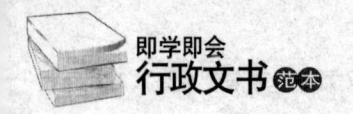

与人员配置如下：

(1)决策层(5人)

总经理1名、行政副总1名、财务总监1名、营销总监1名、技术总监1名。

(2)行政部(8人)

行政部经理1名、行政助理2名、行政文员2名、司机2名、接线员1名。

(3)财务部(4人)

财务部经理1名、会计1名、出纳1名、财务文员1名。

(4)人力资源部(4人)

人力资源部经理1名、薪酬专员1名、招聘专员1名、培训专员1名。

(5)销售一部(19人)

销售一部经理1名、销售组长3名、销售代表12名、销售助理3名。

(6)销售二部(13人)

销售二部经理1名、销售组长2名、销售代表8名、销售助理2名。

(7)开发一部(19人)

开发一部经理1名、开发组长3名、开发工程师12名、技术助理3名。

(8)开发二部(19人)

开发二部经理1名、开发组长3名、开发工程师12名、技术助理3名。

(9)产品部(5人)

产品部经理1名、营销策划1名、公共关系2名、产品助理1名。

2.人员招聘

(1)招聘需求

根据20××年职务设置与人员配置计划，公司人员数量应为96人，到目前为止公司只有83人，还需要补充13人，具体职务和数量如下：

开发组长2名、开发工程师7名、销售代表4名。

(2)招聘方式

开发组长:社会招聘和学校招聘。

开发工程师:学校招聘。

销售代表:社会招聘。

（3）招聘策略

学校招聘主要通过参加应届毕业生洽谈会、在学校举办招聘讲座、发布招聘张贴、网上招聘等四种形式。

社会招聘主要通过参加人才交流会、刊登招聘广告，网上招聘等三种形式。

（4）招聘人事政策

①本科生：

A.待遇：转正后待遇2000元，其中基本工资1500元、住房补助200元、社会保险金300元左右（养老保险、失业保险、医疗保险等），试用期基本工资1000元，满半月有住房补助；

B.考上研究生后协议书自动解除；

C.试用期三个月；

D.签订三年劳动合同。

②研究生：

A.待遇：转正后待遇5000元，其中基本工资4500元、住房补助200元、社会保险金300元左右（养老保险、失业保险、医疗保险等）。试用期基本工资3000元，满半月有住房补助；

B.考上博士后协议书自动解除；

C.试用期三个月；

D.公司资助员工攻读在职博士；

E.签订不定期劳动合同，员工来去自由；

F.成为公司骨干员工后，可享有公司股份。

（5）风险预测

①由于今年本市应届毕业生就业政策有所变动，可能会增加本科生招聘难度，但由于公司待遇较高并且属于高新技术企业，可以基本规避该风险。另外，由于优秀的本科生考研的比例很大，所以在招聘时，应该留有候选人员。

②由于计算机主业研究生愿意留在本市的较少，所以研究生招聘将非常困难。如果研究生招聘比较困难，应重点通过社会招聘来填补"开发组长"空缺。

3. 选择方式调整

20××年开发人员选择实行了面试和笔试相结合的考查办法,取得了较理想的结果。

在20××年首先要完善非开发人员的选择程序,并且加强非智力因素的考查,另外在招聘中期,可以采用"合议制面试",即总经理、主管副总、部门经理共同参与面试,以提高面试效率。

4. 绩效考评政策调整

20××年已经开始对公司员工进行绩效考评,每位员工都有考评记录。另外,在20××年对开发部进行了标准化的定量考评。

在今年,绩效考评政策将作以下调整:

(1)建立考评沟通制度,由直接上级在每月考评结束时进行考评沟通;

(2)建立总经理季度书面评语制度,让员工及时了解公司对他的评价,并感受到公司对员工的关心;

(3)在开发部试行"标准量度平均分布考核方法",使开发人员更加明确自己在开发团队中的位置;

(4)加强考评培训,减少考评误差,提高考评的可靠性和有效性。

5. 培训政策调整

公司培训分为岗前培训、管理培训、技能培训三部分。

岗前培训在20××年已经开始进行,管理培训和技能培训从20××年开始由人力资源部负责。

在今年,培训政策将作以下调整:

(1)加强岗前培训;

(2)管理培训与公司专职管理人员合作开展,不聘请外面的专业培训人员,该培训分成管理层和员工两个部分,重点对公司现行的管理模式、管理思路进行培训;

(3)技能培训根据相关人员申请进行。采取公司内训和聘请培训教师两种方式进行。

6.人力资源预算

(1)招聘费用预算

①招聘讲座费用:计划本科生和研究生各四个学校,共 8 次。每次费用 300 元,预算 2400 元;

②交流会费用:参加交流会 4 次,每次平均 400 元,共计 1600 元;

③宣传材料费:2000 元;

④报纸广告费:6000 元。

(2)培训费用

20××年实际培训费用 35000 元,按 20%递增,预计今年培训费用约为 42000 元。

(3)社会保险金

20××年社会保险金共缴纳×××××元,按 20%递增,预计今年社会保险总额为×××××元。

××公司人力资源部

范例2 员工保证书

××公司员工保证书

本人已经阅读并自愿遵守××××电子实业公司制定的各项规章制度,包括已经颁布的《劳动组织条例》、《劳动管理条例》、《产品质量管理条例》、《管理人员行为规则》、《销售管理条例》、《采购工作管理规定》、《档案管理条例》、《仓库管理工作规定》、《监察工作规定》、《促进合理化建议规定》、《生产统筹管理规定》及其他有关制度,本人承诺,即使今后新颁布的规章制度,在经本人知悉后,亦愿遵守。

保证人:×××
××××年×月×日

最新适用版

第 8 章
社交礼仪类公文写作

第一节 介绍信

撰写要领

一、介绍信的概述

介绍信是机关、单位的人员外出办事所持有的介绍性的书信。介绍信一般采用现成的印制好的表格样式，使用时须填上外出人员的姓名（有时需要填写职务）、联系事由、日期并加盖公章。它是一种专用书信，具有公开的性质。

此外，还有一种用于非正式场合的私人介绍信。私人介绍信同于一般书信，写作目的也是为了联系或办理具体事宜。它只在熟悉的人中间使用，随意性较强，内容也可写得更为具体详细。

二、介绍信的特点

介绍信是行政机关必备的具有介绍、证明作用的书信。使用介绍信的人，可以凭借此信同有关单位或个人联系，商量洽谈一些具体事宜；而看介绍信的一方则可从对方的介绍信中了解来人的职业、身份、要办的事情、要见的人，有什么希望和要求等。介绍信是联结双方关系的一个桥梁，其目的旨在证明来人的身份。

介绍信可以帮助对方了解你的身份、来历，同时也赋予你一定责任和权利，所以介绍信通常都有一定的时间期限，是一种在限期内才具备有用性的一种专用书信。

三、介绍信的写作格式

介绍信由标题、称呼、正文、落款组成。

(一)标题

可在首行印（或写）明"介绍信"三字。

(二)称呼

可在信件开端处，顶格书写受文单位或受文人的名称，也可将受文单位名称写于信件的最后一行(顶格)，但需在其上一行写"此致"二字。

(三)正文

空两格起写被介绍人的姓名、身份以及前往接洽的事项和向接洽单位提出的希望和要求。正文写完，另起一行，空两格写"此致"，下一行顶格写"敬礼"，表示对对方的感谢。如使用受文单位在文尾的格式，则"此致"的下一行顶格要写受文单位的名称。

(四)落款

另起一行，写出开具介绍信的单位名称，加盖公章。署名下面写清年、月、日。

经典范文

范例1 介绍信

介绍信
×政介字(×)号

兹介绍×××、×××等×名同志(系×××)，前往贵处联系×××事宜，敬请接洽并予以协助。

此致

  敬礼

×××县人民政府(章)
××××年×月×日

第二节 推荐信

撰写要领

一、推荐信的概述

推荐信是向单位或个人介绍某人担任某项职务或工作的信件。推荐信的收信者可以是单位或单位负责人,也有向私人推荐的,收信者是个人。

二、推荐信的适用范围

写推荐信的人是有地位、有身份的人,因为受人之托或其他原因而遇到了适合于某项工作的人才,故而向某用人单位进行推荐。写信人同该用人单位可以有某些联系,比如是该单位的上层领导,也可以同该单位毫无关系。

向熟人或朋友推荐人才。由于受人之托或别的原因,而向自己的熟人或友人推荐某人前往工作或做某件事情。写信人往往靠自己同某单位或个人的良好关系而出面为别人牵线搭桥。

推荐信也适用于个人直接向自己希望前往谋职的单位介绍自己的情况,这种推荐称之为自荐信。自荐信的写作者同该单位可以毫无关系,也可以是该单位的职员。

三、推荐信的分类

推荐信的种类按推荐对象分,有推荐人和推荐物两种类型;按作者分,有自我推荐和推荐他人两种类型。

推荐信一般包括下列内容:

第一,推荐信主要写明被推荐者的身份及基本情况。

第二,表明推荐者的推荐目的和愿望。

第三,被推荐者一旦被任用将会产生的作用或好处。此项内容用语可模糊些。

第四,格式同一般书信,也有的以"推荐信"为题。

四、推荐信的写作格式

推荐信一般由标题、称呼、正文和落款四部分组成。

(一)标题

推荐信的标题一般由文种名称构成,即在第一行正中写上"推荐信"三个字;写推荐信者同收推荐信者是朋友或双方关系较熟,可以不要标题。

(二)称呼

推荐信要在第二行顶格写上收信方领导的姓名和称呼,或只写收信方领导的职务,如"尊敬的某某局长"。如果推荐人同收推荐信的人是熟人或朋友,可以用常见的私人信件一样的称呼。

(三)正文

1.开头。视推荐人和收信人之间的关系,推荐信的开头既可以先问候一下对方,略叙思念之情,也可以开门见山直说其事。如果推荐人和对方见面较多,可适当介绍自己同被推荐人之间的关系,同时说明写此信的目的。

2.中段。中段要针对用人单位的情况需要,介绍被推荐人的一些情况,如学位、专业特长、外语水平、实务能力以及其他能力;使对方能通过推荐信对被推荐人产生好感,从而达到推荐人才的目的。如果是自荐信,更要写明自己在原来岗位未能发挥或没有机会发挥的潜能和特长。

3.结尾。要再次表达自己希望能办成此事的愿望,恳请领导给予被推荐人工作或晋升机会,并向对方致以感激和祝福之情。也可附上一些与被推荐人业绩有关材料。

(四)落款

推荐信的落款要在正文右下方署上推荐者的姓名,以及成文日期。

经典范文

范例 1　个人自荐信

自 荐 信

××电台××节目组：

近日从贵台的广播中得知贵节目组要向社会各界招聘客座主持人，因此不揣冒昧，自荐于贵节目组。

自荐人，韩×，女，现年 24 岁。现在××市××公司公关部工作。××××年毕业于××广播学院，毕业后不能学以致用，常常深以为憾。贵节目组招聘客座主持人的消息，使我的"播音员之梦"又有了实现的希望。切盼贵节目组能应允我的自荐。如蒙聘用，我一定努力工作，不负厚望。

祝：工作顺利！

××
××××年×月×日

范例 2　推荐信

推 荐 信

×××文学研究所：

欣闻贵所最近要招收一批学以致用的年轻研究人员，我谨推荐××同学到贵所工作。

××同学××××年毕业于××大学中文系古典文学专业,学位硕士。在校期间各项成绩优良。毕业后在××大学任教。于××××年考入本校中文系古典文学专业攻读博士学位,跟从×××教授专攻秦汉文学。在校期间,学习刻苦,成绩优良,发表论文共11篇,计21万字。其中《×××××》曾引起学术界很大重视。

××同学对中国古典文学尤其是秦汉文学有较深的理解,具备一定的研究能力,富有刻苦钻研精神,最近刚通过博士论文答辩。××同学有志于中国古典文学的研究,希望能学以致用。切盼贵所能采纳我的推荐意见,招收他为贵所研究人员。

顺致

祝安!

××大学校长×××
××××年×月×日

第三节　证明信

撰写要领

一、证明信的概述

证明信是以单位或个人名义书写的,用以证明有关人员的身份、职务、经历以及有关事项真实情况的一种专用文书。

二、证明信的适用范围

(一)某人要入党或入团,组织在进行调查时,原单位或有关人员为其写出证明信。

(二)有些真相模糊不清的历史事实或事件由于被人歪曲,而当时亲身经历的人写出证明信以澄清事实。

(三)在公安机关寻求某些案件的目击者时,当时在场的群众写出证明信以说明案发时的真实情况。

(四)个人在单位办理某些事项或个人由于具体情况而必须向单位作出解释说明时,也可以请有关人员出具证明。

三、证明信的种类

(一)证明信从内容上可分为以组织名义上出具的和以个人名义出具的。

(二)从格式上可以分为固定形式的证明信和无固定形式的证明信。

(三)从证明信的用途上又可以分为作证件用的证明信和不作证件用的证明信。

四、证明信的写作格式

(一)标题。"证明信",写在第一行正中位置。

(二)正文。开头顶格写送达机关名称;接着写要证实的具体事实,说明材料来源等。

(三)结束语。一般用"特此证明"。有的开头没写送达机关名称的,可用"此致××单位"。

(四)落款。证明制发机关、日期,加盖公章。

总的说来,证明信的写作要实事求是,简明扼要,要有明确的结论,用语准确。

经典范文

范例1　证明信

证 明 信

×××大学:

　　×月×日来函已阅。现根据函中要求,将贵校×××同志的有关情况介绍如下:

　　×××同志1984年3月至1989年7月在我院工作,曾任基础部主任。该同志工作认真负责,能以身作则,团结同志,成绩突出。1985年、1986年两次被评为我院先进工作者。

　　特此证明。

　　张××系我院副教授,所提供情况供参考。

××××学院党委(盖章)
××××年×月×日

第四节　公开信

撰写要领

一、公开信的概述

公开信是将信的内容公布于众,公开让人们周知和参与讨论的信件。

二、公开信的写作格式

(一)开头

公开信的开头,即称呼部分,要顶格写。

(二)正文

正文写要公开表明的事项。

(三)结尾

结尾部分写上署名和日期,日期写在署名的下面。

三、写公开信要注意的问题

写好公开信,有如下几个问题须注意:

一是考虑需要与可能,确实有写公开信的必要,确有实现公开信所说的目标的可能。

二是既要诚心诚意地将发表公开信的理由告诉读者,又要向读者表明公开信的基本思想,切忌夸大其辞。

三是把握好发表公开信的最佳角度及最佳时间,使公开信取得很好的社会效应。

四是公布某个喜讯、噩耗、求助信件,或需要人们了解,消除影响的事情。

公开信是将不必保密的全部内容公布于众,让大家周知和讨论的信件。公开信的内容一般都具有普遍的思想意义和教育意义。一封好的公开信,在宣传中会产生较大的影响,它能促进人们积极参与,树立良好的社会风气,指导工作广泛开展和推动活动顺利进行。有的公开信可以在报上刊登,也可以在电台上广播。

经典范文

范例 1 致民众的公开信

致农民朋友的一封信

农民朋友们:

你们好!冬去春来,值此春耕繁忙时节,省委、省政府向你们致以亲切的问候!

党中央高度重视农业和农村工作,十分关心农民群众。改革开放以来,通过实行以家庭承包经营为基础、统分结合的双层经营体制,调整农产品价格和购销政策,改善农村分配关系,采取一系列减轻农民负担的政策措施,调动了农民的积极性,农村发生了深刻的变化,经济社会蓬勃发展。

当前,农业和农村经济社会发展进入了一个新的阶段,出现了许多新情况、新问题。为了进一步保护和调动广大农民的积极性,巩固和发展农村大好形势,党中央、国务院作出了在农村实行税费改革的重大决策。农村税费改革的主要内容是:取消乡统筹费、农村教育集资等专门面向农民征收的行政事业性收费和政府性基金、集资;取消屠宰税;逐步取消统一规定的劳动积累工和义务工;调整农业税费改革顺利实施,达到为农民减负的目的,还要进行配套改革。农村税费改革以后,农民承担的税费项目有:农业税及其附加、农业特产税及其附加,有的还要缴纳一定的公益事业金。村内兴办集体生产公益事业所需资金,采取"一事一议"的办法解决。考虑到目前劳动积累工和义务工仍是农村进行农田水利建设等公益事业的重要手段,对"两工"将采取逐步取消的办法。

这次税费改革的意义十分深远,是继农村实行家庭承包经营之后的又一重大改革,事关农村经济社会发展的大局,事关广大农民群众的切身利益。通过税费改革,规范农村分配制度,有效遏制向农民的乱收费、乱集资、乱罚款和各种摊派,体现农民应尽的义务,从根本上减轻农民负担。同时,又能够促进干部转变作风,密切干群关系。广大农民群众要充分认识税费改革的重要性和必要性,理解和支持税费改革,齐心协力把这项利国利民的好事办好。在税费改革中,将根据农民的承受能力,从轻确定农民负担水平并保持长期稳定,保护农民的合法权益。在保证农民负担明显减轻的前提下,注意兼顾其他方面的承受能力,使地方政府特别是乡镇政府和基层组织正常运转。实行符合农民意愿、能够为农民所接受的税收征收方法,便于依法征收和群众监督。税费改革将同精简乡镇机构、调整农村中小学布局、完善县乡财政体制和健全农民负担监督机制等项配套改革结合进行,压缩人员,量入为出。

建设社会主义新农村,使广大农民逐步实现共同富裕,归根到底要靠发展。要适应发展社会主义市场经济的要求,大力调整优化农业结构,深化农村改革,采用先进科学技术,增加农业投入,改善农业生产条件。积极发展二、三产业,开辟新的生产门路,千方百计增加农民收入。进一步加强社会主义精神文明建设,实行依法治国同以德治国相结合,推进民主选举、民主管理、民主决策、民主监督和政务公开、村务公开。切实加强以党支部为核心的村级组织建设,充分发挥广大党员和基层干部的骨干带头作用。通过广大农民群众的共同努力和辛勤劳动,把农村建设得更加美好。

我省广大农民具有爱党、爱社会主义、爱国家、爱集体的光荣传统。改革开放以来,我省农村改革与发展有声有色,农民群众创造了许多好经验、好做法,谱写了绚丽篇章。在农村税费改革中,广大农民群众一定能继续发扬光荣传统,正确对待国家、集体、个人三者利益,增强公民意识,维护合法权益,自觉履行纳税义务,在各级党委、政府的领导下,圆满完成农村税费改革任务,进一步促进我省农村改革、发展、稳定。

让我们更加紧密地团结在党中央周围,解放思想,实事求是,艰苦创业,乘势前进,为建设更加富裕的小康生活,实现农业现代化而努力奋斗!

中共××省委
××省人民政府
××××年×月×日

范例 2　致选民的公开信

致××市全体选民的一封信

××市全体选民:

市第×届人代会第二次会议将于××××年×月×日举行,为不辜负全市选民的信任和希望,我们将广泛收集选民对市政府各方面工作的意见、批评和建议。主要内容可包括以下几个方面:

一、本市区内实施宪法、法律、法规中存在的问题及国民经济、社会发展、财务政策中存在的问题。

二、人民群众普遍关心和迫切需要解决的重大问题。

三、有关行政管理、审判、检察工作中的重大失误问题。

四、国家机关工作人员严重失职,以及违反为政清廉决定的腐败行为等。

希望广大选民充分利用各辖区内的意见箱,提出自己的意见,我们将把意见带到人代会,并做到件件有回音。

过去一年里,我们收集到选民意见 10 余条,其中有关市政府的占 6 条。如商业网点、蔬菜供应、垃圾清运、东市区道路、增设重点中学、居民区治安等。市政府对这些意见都及时做了答复。我们感到,人民代表只有认真行使法律赋予的权利,积极参政议政,才能真正代表人民。望全市选民充分行使自己的权利,把对市政府的意见及时反映上来。

××市第×届人代会筹备处信访办
××××年×月×日

第五节 表扬信

撰写要领

一、表扬信的概述

表扬信是用来表彰好人好事、先进思想、先进事迹的一种书信。对于弘扬先进思想、先进事迹；鼓励先进、鞭策后进；倡导健康向上的社会风气，加强精神文明建设都具有积极作用。表扬信可以以组织的名义写，也可以以个人的名义写。

表扬信的发布方式可以是召开授奖大会由负责同志宣读，也可以送诸媒体登报、广播，还可以直接寄给被表扬单位、集体、个人的上级机关或所在单位。

二、表扬信的类型

（一）以领导机关或群众团体的名义表彰其所属的单位、集体、个人。这种表扬信可以在授奖大会上由负责同志宣读，也可以登报、广播。

（二）群众之间的互相表扬，这种表扬信不仅赞颂对方的好品德、好风格，也有感谢的意思表示。

三、表扬信的写作格式

（一）标题

正中写"表扬信"三个字。

（二）称谓

写被表扬的单位、个人的称呼。如果是写给个人的，应在姓名之后加上"同志"、"先生"，等字样，后边加冒号，顶格写。

(三)正文

另起一行,空两格写表扬的内容:交代表扬的缘由。重点叙述人物事迹的发生、发展、结果及其意义。叙述要清楚,要突出最本质的方面。事实本身就具有很强的说服力,因此,要让事实说话,少讲空道理。

(四)结尾

如果是写给被表扬者所在单位或领导者的,可提出建议:"在×××中加以表扬"、"×××同志的优秀品德值得大家学习,建议予以表扬"等。如果是直接写给本人的,则要适当谈些"深受感动"、"值得我学习"等方面的内容。

(五)署名

单位名称或个人姓名。如果是以个人名义写的表扬信,应在后边详细写明发信人的地址,签上自己的姓名,并在下方注明表扬信写就的年、月、日。

最后要写上表示祝愿的话,如"此致敬礼"、"祝好"、"谨表谢意"、"向你学习"等。但"此致"、"祝"、"谨表"、"向你"等字写在末尾,其余的字,要另起一行,顶格写。

四、表扬信的写作要求

(一)在表扬信中,要充分地反映出对方的可贵品质、动人事迹,做到见人、见事、见精神。不能以空泛的大道理代替突出的动人事迹;

(二)在表扬和赞颂时,要恰如其分,实事求是,不要以偏概全。哪件事好,就表扬哪件事,既不夸大,也不缩小;

(三)表扬信的语气要热情恳切,情尽文畅。文字要朴素,篇幅要短小。

经典范文

范例 1　表扬信

县委县政府关于抗台救灾先进事迹的表扬信

从10月7日起,受第16号超强台风"罗莎"影响,我县普降大到暴雨,农田受淹,受上游水库泄洪影响,西苕溪水位急剧上涨,沿岸4个乡镇11万多老百姓遭受了自1999年以来最大的一次台风暴雨威胁,20余公里的堤防全线告急,多处出现危情,给我县造成了严重损失。

在抗台救灾的过程中,全县上下党政军民认真落实省、市的决策部署,发扬"以人为本、万众一心、百折不挠、敢于胜利"的抗台精神,心连心、手牵手、肩并肩,齐心抗台、合力救灾、携手奋战,把灾害损失减少到最低程度,夺取了抗台救灾斗争的重大胜利,涌现出很多先进事迹,现予以通报表扬。

县四套班子领导高度重视,身先士卒,坚守一线,靠前指挥,科学调度,切实发挥了坚强的领导核心作用。全县各乡镇(街道、开发委),特别是西苕溪沿线的吴山、和平、吕山、虹星桥等乡镇党委、政府处变不惊,沉着应对,开展了卓有成效的组织指挥工作;全体乡镇干部进村入户,深入险情,始终坚守在防台抗台第一线,组织发动群众,准备防汛物资,加强土坷堤巡防,转移危险地带人员。县级机关各部门自觉服从大局,积极发挥职能,恪守职责,全力以赴,主动参与抗台防汛工作。水利部门加强水利设施排查,指导基层排涝和抢修水毁工程,保障了排涝设施全力运行,并科学调拨防汛物资。气象部门及时做好天气预测工作,及时掌握台风走向,为县委、县政府抗台决策提供了科学依据;发挥气象短信息服务系统功能,以最快捷的短信方式把台风信息发送到群众。国土部门加强36处地质灾害点监管,会同镇村干部转移危险地带群众。建设局积极调剂工地建设物资送到抢险一线,并从六个建筑工地紧急调集300多名抢险突击队员支援乡镇抢险。国土、建设、安监等部门加强对建筑工地和矿山企业的巡查,做到警报不解除、工地不开工。贸粮局提早准备,及时调配草包、麻袋、桩木、铁锹等防汛物资。公安交警、交通港航等部门做好太湖大堤封道工作,召回船舶回港避风,禁止船舶进入太湖,做到车船不出太湖。交通局开展道路、桥梁的安全检查,确保全县交通安全、畅通。万宏公司及时调配应急车辆,把抗台防汛物资和人员及时送到抗台一线。供电局全力出动技术人员,及时抢修变电设施,提供应急照明,确保了抗台防汛用电。农业、民政等部门迅速组织工作组,深入乡村,了解灾情,指导基层开展生产自救,重建家园。卫生部门认真做好灾后防病工作,赶赴受害地区,发放消毒药品和防病宣传资料,确保了灾后无大疫。全县村级基层组织,尤其是和平镇长城村和便民桥村、虹星桥乡港口村和后羊村、吴山乡吴山村和南淙村、吕山乡胥仓村和龙溪村积极发挥战斗堡垒作用,冲锋在前,凝心聚力,发动群众,与民同战,风里来,雨里去,以实际行动充当群众的"生命之舟"。特别值得关注的是,驻湖、驻长部队和武警官兵、民兵预备役人员和公安干警发扬"特别能吃苦、特别能战斗"的优良作风,始终奋战在一线,在完成急难险重任务中发挥了主力军和突击队的作用。一军通信团、武警湖州支队和驻长的94783部队、73027部队、73811部队、武警长兴中队出动近千名战士,投入到抗台防汛的最前沿,筑起了保卫人民生命财产安全的钢铁长城。县人武部在做好部队协调工作的基础上,及时调集了小浦镇、李家巷镇、开发区等多个民兵应急小分队加入战斗行列。公安局全警动员,全力以赴,连续奋战,出动警力1400人次,深入急难险要之处,与当地百姓共筑起了一道道"防洪坝"。海信空调、诺力机械、湖州建工等企业调集600多名抢险突击队员,奔赴抗台一线,鼎力相助,支援了灾区抗台防汛。

夺取抗击"罗莎"台风的重大胜利,这主要归功于基层组织和广大党员干部顽强拼搏、合力防御,更归功于驻湖、驻长部队武警官兵和社会各界患难与共、全力支持。在此,县委、县政府向参与、支持我县抗台工作的各级党政领导,驻湖、驻长部队武警官兵,社会各界,广大党员干部群众,表示衷心的感谢!

抗台成果,来之不易;抗台精神,光芒永驻。经过抗击超强台风斗争的洗礼和考验,我们的信心更加坚定,精神更加坚强,意志更加坚毅。全县上下一定要深入贯彻落实科学发展观,保持和发扬抗台救灾的那么一种冲天精神、那么一种迎战氛围、那么一种拼命干劲,克难攻坚,顽强拼搏,团结进取,狠抓落实,为加快建设山水园林型现代化新兴城市、实现全面小康社会作出新的更大贡献!

××县委

××县人民政府

20××年×月×日

第六节 批评信

撰写要领

一、批评信的概述

批评信是对个人或单位的错误言行提出批评的信件。

二、批评信的写作格式

批评信的写作格式如下：

(一)标题

批评信的标题一般不居中写"批评信"三个字,而是以批评事项作标题。

(二)称谓

顶格写被批评的单位或个人名称。如果是批评个人的,应在姓名之后加上"同志"、"先生"等字样,后边加冒号。

(三)正文

写所批评的缘由。本部分须另起一行,空两格写。

(四)结尾

如果是批评单位或领导者的,可对被批评的错误事项提出正确建议;如果是批评个人的,则要谈些鼓励话语。

(五)署名

签上批评者或单位的姓名,并在下方注明年、月、日。

经典范文

范例 1 批评信

批评信

×××局长办公室：

  我单位的×××同志，系共产党员，于××××年×月×日调我科。在我科工作期间，表现不合格，经常上班迟到、缺勤，工作不认真，缺乏吃苦精神，拈轻怕重，与同事相处关系紧张，给员工们和部门造成极为不好的影响，谨请局委会予以批评，望他认真改正、认真改造。

××局××科
××××年×月×日

第七节　感谢信

撰写要领

一、感谢信的概述

在社会生活中，单位或个人之间常常互相帮助、互相支援，涌现出许多好人好事。其后，受援的一方为了答谢和表彰，往往采用感谢信的形式给对方写信，以谢相助、谢探访、谢称誉、谢悼唁、谢赠物等。而对影响较大、事迹突出的还可同时送交报刊社或电台广播。

二、感谢信的分类

（一）从感谢对象的特点来分

1.给集体的感谢信。这类感谢信，一般是个人由于在困难时，受到了集体的帮助，使自己渡过了难关，走出了困境，所以要用感谢信的方式表达自己的感激之情。

2.给个人的感谢信。这类感谢信，可以是个人也可以是单位集体为了表达某个人曾给予的帮助、照顾而写的。

（二）从感谢信的存在形式上来分

1.公开张贴的感谢信。这种感谢信包括登报、电台广播，或是电视台播报的感谢信等。

2.寄往单位或个人的感谢信。这种感谢信直接寄给单位和个人。

三、感谢信的写作格式

(一)标题

第一行正中写"感谢信"或"致×××的感谢信"等字样,字体应大些。

(二)称谓

第二行顶格写被感谢方的单位名称或个人姓名。个人姓名应加上"同志"、"先生"或职务等,称谓后加冒号。

(三)正文

第三行空两格起,写感谢的内容,一般有以下两个方面。

1.简述事迹,说明效果。应交代清楚人物、事件、时间、地点、原因和结果。并扼要叙述在关键时刻对方帮助所产生的客观影响和社会效果。

2.颂扬品德,表示决心。既表感激之情,也谈今后如何用实际行动向对方学习。

(四)致敬语

最后写上诸如"此致——敬礼"、"致以——最诚挚的敬礼"等表示感激的敬意的话。致敬语前半截一般连接正文、或另起一行空两格写;后半截另起一行顶格写,以表尊敬。

(五)署名、日期

在右下方写上单位名称或个人姓名,后一行写发信年、月、日。

四、感谢信的写作要求

(一)内容要有真实性

叙述事迹要真实具体,人、时、地及有关数字要绝对准确,关键部分要突出,并给对方以恰如其分的评价。

(二)感情体现丰富性

做到以事表情,以情感人。既要感情充沛,讲究文辞,又避免平铺直叙,辞藻惊人。表达谢意的行动要符合实际,说到做到,切实可行。同时要讲究礼貌,开头的称呼、文中的用词、结尾的敬语都要符合双方的身份和社会交往中的习惯。

(三)格式符合规范性

篇幅要简短,语句要精练,格式要符合一般书信的要求。

五、注意事项

（一）内容要真实，评誉要恰当。感谢信的内容必须真实，确有其事，不可夸大溢美。感谢信以感谢为主，兼有表扬，所以表达谢意时要真诚，说到做到。评誉对方时要恰当，不能过于拔高，以免给人一种失真的印象。

（二）用语要适度，叙事要精练。感谢信的内容以主要事迹为主，详略得当，篇幅不能太长，所谓话不在多，点到为止。感谢信的用语要求是精练、简洁，遣词造句要把握好一个度，不可过分雕饰，否则会给人一种虚伪的感觉。

经典范文

范例 1 慰问感谢信

慰问感谢信

山东××学院：

　　正值我区奋力抗震救灾、重建家园的关键时刻，贵校××市××区籍学生黄××同学向我区电汇善款1300元，我们知道莘莘学子的钱来之不易，无非是家长给的生活费或奖学金，他这种情系家乡、心系灾区的精神，使我们倍感亲切和感动。谨此，××区委、区政府和全区55万人民通过贵校对黄××同学捐款援助灾区的义举表示衷心的感谢！并建议贵校对黄××同学的可贵精神予以通报表扬。

　　"5·12"地震我区震级达到8.0级，为百年不遇的特大地震，截至目前，已造成我区116人遇难，1376人受伤，3万多户的10多万间房屋倒塌，4万多户的27万余间房屋成为危房，3万多户的32万多间房屋裂缝，道路、桥梁、电网、通信以及学校、医院、文化等基础设施严重受损，对今后的经济社会发展造成了不可估量的影响。黄××同学得知家乡遭受地震灾害的消息后,虽然远隔千里,但他感同身受,深表关切,不仅体现了新一代大学生无私奉献的高尚情操,也代表了贵院师生对我区受灾群众的关爱之情,必将极大地鼓舞和坚定我区受灾群众战胜震灾、重建家园的信心和决心。

我们已把黄××同学捐款援助我区抗震救灾的义举通过××电视台转达给灾区人民,贵校和黄××同学的名字将永远铭刻在勤劳质朴的××人民心中。我们将把贵校师生的关爱化作抗震救灾的强大动力,团结和带领全区各族人民,众志成城,共克时艰,奋力抗震救灾,重建更加美好的家园。

特此致谢!

中共××市××区委员会
××市××区人民政府
二〇××年×月××日

范例 2　工作感谢信

工作感谢信

尊敬的被拆迁户朋友们:

轨道交通××线××段的拆迁协议签订及地上物拆除工作已圆满结束。在此,谨代表中共××镇委员会、××镇人民政府和全镇人民向支持轻轨建设的被拆迁户朋友们表示衷心的感谢,并致以崇高的敬意!

轨道交通××线建设作为一项民心工程,涉及××镇 14 个村 256 个院落近 30 家企业。在短短一个月的时间里,镇党委、政府即与沿线各单位及广大被拆迁群众达成了共识,确保了在规定时限内完成拆迁协议签订工作。

在拆迁协议签订工作中,负责拆迁的工作人员受到了广大被拆迁群众的热情接待,彼此双方在沟通交流中加深了了解;有的被拆迁户不但自己带头拆迁,还主动向亲戚朋友和邻里街坊宣传、解释拆迁政策;有的被拆迁户主动克服搬迁给生活带来的临时不便,积极实施搬迁拆除;还有的被拆迁户通过拨打热线电话和向《今日××》报纸投递稿件等形式,表达了自己对轻轨建设的美好憧憬和为轻轨建设贡献微薄之力的愿望。各村的党员、干部也纷纷带头,发挥了先锋模范作用,为其他被拆迁户树立了榜样。

可以说,拆迁工作的顺利开展离不开广大被拆迁户朋友们的关心、理解与支持,充分体现了我们××人谋发展的大局意识,体现了我们共同追求美好幸福生活的信心,也体现了上下一心、团结协作、共谋发展的××精神。

最后,衷心地希望大家一如既往地支持镇党委、政府的各项工作,相信在全镇人民的紧密配合和大力支持下,新××的建设将再谱新篇!

中共××镇委员会
××镇人民政府
二〇××年×月×日

第八节 慰问信

撰写要领

一、慰问信的概述

慰问信是以组织或个人的名义对在某方面作出特殊贡献或遇到意外损失、遭到巨大灾难的集体或个人,表示关切致意、问候同情的一种书信。

二、慰问信的适用范围

慰问信适用范围较感谢信广,主要有以下三种情况。

(一)节日慰问

如教师节来临之时,写信向教育工作者表示节日的问候和祝贺。

(二)抚慰性慰问

如慰问由于某种原因(自然灾害、事故伤亡等)而遭受重大损失的人民群众,对其表示同情和安抚,并鼓励他们战胜困难,重建家园。对亲友的伤病等慰问也属这种情况。

(三)表彰慰问

如慰问在抗震救灾、保卫国家和人民生命财产安全等重大斗争中作出卓越贡献的人民解放军、公安干警等,并表彰其英勇行为和先进事迹。

三、慰问信的种类

这类慰问主要针对那些承担艰巨任务、作出了巨大贡献甚至牺牲,取得了突出成绩的先进个人或集体,如"慰问那些抗洪抢险的解放军战士"、"慰问保家卫国的边防军人"、"慰问春节期间仍坚守岗位的铁路工人"等。通过慰问鼓励他们戒骄戒躁,继续前进。

(一)节日慰问

这是一种上级对下级,机关单位对基层群众进行的一种节日问候。一般表示对他们以前工作的肯定和赞扬。并祝福他们在今后的工作、学习、生活中,心情舒畅,做出更大的成绩。

(二)抚慰性慰问信

这类慰问通常是针对那些由于某种原因(如车祸、火灾、地震、暴雨等)而暂时遇到困难或蒙受了巨大损失的集体或个人。对他们表示同情和安慰,鼓励他们克服暂时的困难,进而加倍工作,以期尽早地改变现状。

(三)表彰慰问信

慰问在抗灾救灾、保卫国家和人民生命财产安全等重大斗争中作出卓越贡献的人民解放军、公安干警等,并表彰其英勇行为和先进事迹。

四、慰问信的内容

慰问信的内容应根据时间、事件和对象不同有所区别。如上面三种情况,由于各自对象和目的不同,有的赞扬革命和建设中的有功之臣,有的慰藉勉励受灾群众,有的慰抚各条战线中的无名英雄。写法不能千篇一律。

五、慰问信的格式

(一)标题

第一行正中写"慰问信"或"×××致×××的慰问信"等字样。

(二)称谓

第二行顶格写慰问对象单位、个人名称。

(三)正文

第三行空两格起,写慰问的主要内容,包括有三个方面:

1.原因背景。用一段简要文字陈述目前形势,写明慰问的背景和原因,以提起下文。

2.叙述事实。应比较全面、具体地叙述对方的模范事迹或遇到的困难,要实事求是肯定其功绩,然后向对方表示慰问和学习。

3.结语部分。先结合形势与任务提出殷切的希望,接着表示共同的愿望和决心,最后用一句慰勉与祝愿的话作结。

（四）署名、日期

署名下一行写年、月、日。

六、慰问信的写作要求

1.对象要明确。根据不同的对象确定慰问的内容和重点。如对死者家属:"为柯棣华大夫的逝世,向你们致以最深挚的悲悼。"(《周恩来致柯棣华大夫家属的慰问信》)

2.感情要真挚。应以高度的政治热情,赞颂或慰勉对方,使人受到鼓舞。

3.期待要殷切。如"望多休息"、"以后在工作中节节高升"。

4.语言要亲切。慰问信的主旨是向对方表示慰问,语言要精练、朴实、亲切、诚恳。可适当运用抒情的表达方式,要忌用公式化、概念化的词语,也不宜套用呆板的公文语言。

经典范文

范例 1　节日性慰问信

节日慰问信

尊敬的女评估师们:

你们好!

春意融融,百草吐芳。值此"三八"国际妇女节即将到来之际,中国资产评估协会女评估师工作委员会谨向你们致以节日的祝福和亲切的问候!真诚地道一声:你们辛苦了!

近年来,随着资产评估行业的迅速发展和资产评估队伍的不断壮大,女评估师队伍已成为资产评估行业一支生力军。你们爱岗敬业、勤勉尽责,用行动筑就了职业女性的尊严,用业绩树立了自身的形象,以过硬的专业素质和良好的职业道德赢得了社会的肯定和赞誉。你们肩负着工作和家庭的双重重担,你们的才干和智慧顶起了评估行业的半边天,你们的活力和柔情洋溢着现代女性的风采,你们为构建和谐社会、促进行业发展作出了积极贡献。

今年是国家实施"十一五"规划的开局之年,也是评估行业实施未来五年行业发展规划的第一年。我们要继续学习贯彻××副总理在中国资产评估协会第三次全国会员代表大会上的重要讲话精神,增强使命感和责任感,继续发扬自强不息、艰苦奋斗、开拓创新的进取精神,发扬自尊、自强、自信、自立的精神,勤于学习,敏于求知,不断提高专业胜任能力和职业道德水平,坚持"诚信为本,质量第一"的宗旨,努力把评估行业办成深受社会尊重、享有诚信声望、无愧于市场经济的社会中介行业,为社会的和谐、进步和文明作出更大的贡献。

祝大家健康、快乐!

中国资产评估协会女评估师工作委员会
二〇××年×月×日

范例 2 抚慰性慰问信

慰 问 信

××省各上市公司:

5月12日下午四川汶川发生8.0级强烈地震,震区人民的生命和财产遭受了严重损失。××水电、××电气等公司的部分员工不幸遇难,公司的财产和运营受到巨大破坏,上市公司监管部全体人员对此感到十分的痛惜!在此,上市公司监管部全体人员向灾区所有上市公司及全体员工表示诚挚的慰问和深切的关怀!向所有的遇难者表示沉痛的哀悼!

当前,在党中央、国务院的坚强领导下,灾区军民正争分夺秒,全力抢救人民的生命财产,各上市公司正克服重重困难争取恢复生产。对此,上市公司监管部全体人员向奋战在抗震救灾第一线的四川灾区所有上市公司表示崇高的敬意!感谢你们在自身遭受巨大损失的同时仍在默默支持资本市场!衷心希望你们和家人在今后的抗震救灾工作及灾后重建中继续确保安全!我们坚信,在党中央、国务院的坚强领导下,我们一定能战胜这场特别重大的地震灾害!恢复公司正常的生产经营秩序,展现公司驰骋资本市场的雄姿!

我们万众一心!我们众志成城!我们共同努力!我们一定会赢得胜利!

中国证监会上市公司监管部
××××年×月×日

范例 3 表彰性慰问信

致全市体育战线工作者的慰问信

全市体育战线的同志们、朋友们:

光阴荏苒,岁月如歌。值此新春佳节之际,我谨代表××市体育局,向辛勤工作在全市体育战线的同志们、朋友们致以新春的祝福,向您及家人致以最美好的祝愿!

刚刚过去的 2008 年,是我市体育事业喜事连连、捷报频传的一年。在市委、市政府的坚强领导下,在省体育局的大力支持下,全市体育事业紧紧抓住北京奥运会举办的历史机遇,坚定不移贯彻落实科学发展观,深化"全民健身与奥运同行"主题,在发展奋斗中取得了新成绩。我市培养输送的国家女子曲棍球队主力队员××在北京奥运会上夺得奥运会银牌;成功举办 2008~2009 年××全国排球联赛开幕式暨三场比赛、全国围棋甲级联赛、市第一届运动会;成功创建为国家级全民健身活动中心、国家高水平体育后备人才基地;"九九登高节"被省体育局确定为××省群众体育"五朵金花"之一;首次圆满参加 2008 中国体育旅游博览会暨2008中国国际体育用品博览会（冬季）；率先在全省启动乒乓球进机关工程；体育彩票销量再次突破8200万元；新建农民体育健身工程191个；成功创建"节约型"机关。全市体育事业呈现出又好又快发展的崭新局面。这些成绩的取得，凝聚了全市每一个体育工作者的辛勤汗水。成绩永远属于你们，永远属于为体育事业不懈奋斗的体育人！

东方风来满眼春，宏图伟业催人急。在新的一年里，我们将继续保持奋发有为、开拓创新的精神状态，以增强市民体质，提高市民生活质量为目标，充分发挥体育在促进人的全面发展、推进经济社会发展的独特功能，坚持以"和谐中国，全民健身"为主题，以参加××省第一届全民健身运动会为契机，广泛开展群众体育活动；坚持以备战省十一运会为重点，推动竞技体育加快发展；坚持以举办高水平赛事为载体，努力提升××的影响力；坚持以市场运作为抓手，大力发展体育产业，努力推进全市体育事业再上新台阶。

衷心祝愿各位同志、朋友新年快乐，身体健康，工作顺利，阖家幸福！

××市体育局 ×××
二〇××年×月×日

第9章
机关社交礼仪类公文写作

第一节 申请书

撰写要领

一、申请书的概述

申请书是个人、单位、集体向组织、机关、团体、领导提出要求实现、满足自己的希望、要求的一种文体。

二、申请书的适用范围

申请书使用的范围十分广泛。个人对党、团组织要求参加党团组织可以写申请书表达愿望；下级在工作、生产等方面对上级有所要求，也可写申请书表达。总之，几乎涉及工作、生活的一切方面，都会使用到申请书。

三、申请书的写作格式

申请书通常有固定的格式，其内容包括以下几部分：

(一)标题

在申请书第一行正中写申请书的名称，一般只写"申请书"三字就可以了，有的则写出内容的主旨，如"入党申请"、"申请调换工种"等等。

(二)称呼

称呼也叫"抬头"，就是在标题下空一行顶格处写出接受申请书的组织、机关、团体、单位、领导的名称。称呼后用冒号。

(三)正文

正文是申请书的主体，在称呼下一行空两格处起写。正文部分要写明申请的事情和理由。如果内容和理由较多，特别是申请的事情有几件的情况下，每一件事都要分段写,以使面目清楚,不致混乱和错漏。

(四)结尾

结尾部分往往是表示礼节或恳切的愿望,如"此致敬礼"、"恳请批准"、"不胜感谢"等。

(五)署名和日期

在结尾下一行的靠右写上申请人姓名或单位名称。如是单位,要盖公章;如是个人,可盖私章,也可不盖。在署名后面写上写申请书的年、月、日。

经典范文

范例 1 入党申请书

入党申请书

敬爱的党组织:

我志愿加入中国共产党,拥护党的纲领,遵守党的章程,履行党的义务,执行党的决定,遵守党的纪律,积极工作,为共产主义事业奋斗终生,对党忠诚,永不叛党。

中国共产党是中国工人阶级的先锋队,是各族人民利益的忠实代表,是社会主义事业的领导核心。它始终代表中国先进生产力的发展要求,代表中国先进文化的发展方向,代表最广大人民的根本利益。中国共产党是以实现共产主义事业为最终目标,以全心全意为人民服务为宗旨,有绝对的能力带领中国人民走向繁荣发展的政党。

中国共产党以马克思列宁主义,毛泽东思想和邓小平理论为自己的行动指

南。马克思和恩格斯运用辩证唯物主义和历史唯物主义,分析了资本主义社会发展规律。创立了科学社会主义理论。列宁把马克思理论与本国实际情况结合起来,建立了人类历史上第一个社会主义国家。以毛泽东同志为代表的共产党人,把马克思列宁主义的普遍原理与中国革命的具体实践结合起来,创立了毛泽东思想,并用于指导中国的革命,使中国革命逐步走向胜利。邓小平同志提出解放思想,实事求是,把工作重心转移到经济建设上来的科学理论。我们在社会改革开放和现代化建设新时期,一定要高举邓小平理论的伟大旗帜,用邓小平理论指导我们的工作。

中国的革命和社会主义建设充分证明,只有社会主义能救中国,只有社会主义才能发展中国。中国共产党是社会主义事业的领导核心,没有中国共产党就没有新中国,没有中国共产党的领导,中国人民就不可能摆脱受奴役的命运,成为国家的主人。中国共产党领导各族人民,经过长期的反对帝国主义、封建主义、官僚资本主义的革命斗争,取得了新民主主义革命的胜利,建立了人民民主专政的中华人民共和国,并且在建国后,顺利地进行了社会主义改造,完成了从新民主主义到社会主义的过渡,建立了社会主义制度。改革开放以来,我国城乡居民生活水平稳步提高,科教卫生事业取得长足的进步,科技前沿领域捷报频传,综合国力大大增强。尽管在前进的道路上遇到过曲折,但党以它自身的力量纠正了错误,使我国进入了一个更加伟大的历史时期。这表明,中国共产党是公正、廉洁、能正确认识自身错误的政党。

我国现在正处于社会主义初级阶段,在此阶段党的基本路线是领导和团结全国各族人民,以经济建设为中心,坚持社会主义道路,坚持人民民主专政,坚持中国共产党的领导,坚持马克思列宁主义,毛泽东思想,坚持改革开放,为把我国建设成富强、民主、文明的社会主义国家而奋斗。

作为共产党员,应时刻体现时代要求,胸怀共产主义远大理想,努力开拓,积极进取,不怕困难,全心全意为人民服务。要牢固掌握马克思主义理论,做好本职工作,要在危难的时候挺身而出,坚决同危害国家,危害社会的行为作斗争。

个人基本情况。(略)

本人立场坚定，决心用自己的实际行动接受党对我的考验，用党员的标准严格要求自己，自觉接受群众和党的监督。

请党组织在实践中考验我！

申请人×××

××××年×月×日

范例② 入团申请书

入团申请书

敬爱的团支部：

通过学习，我认识到中国共产主义青年团是我国先进青年的群众性组织，是党的助手。它在党的领导下，用马列主义、毛泽东思想团结和教育广大青年，带领青年向着共产主义的目标前进。我迫切要求参加共青团，以便在团组织的教育和帮助下，为建设有中国特色的社会主义作出贡献。请考虑我的要求。

此致

　　敬礼

申请人×××

××××年×月×日

第二节 决心书、保证书

撰写要领

一、决心书、保证书的概念

决心书和保证书是个人、单位、集体为了响应组织或上级部门的号召而表达保证做好工作、完成任务的决心的一种信件。

二、决心书、保证书的适用范围

(一) 为响应上级某一号召而由个人或集体向上级组织或社会表示决心或保证时使用。

(二)为完成某项艰巨的任务,为了让组织或领导放心而表示决心或保证时使用。

因某种原因犯了错误,为了让上级领导或群众更好地监督今后的工作,表达自己彻底改正的决心或保证而使用。

三、决心书、保证书的特点

(一)誓言特性

保证书、决心书是以集体或个人名义以一种较为强烈的态度向上级组织、领导或个人表决心、下保证所使用的一种书信。它在一定程度上对保证者形成一种制约和鞭策。

(二)单方特征

决心书、保证书一般都是个人或单位向上级或领导表决心的,上级或领导在收到保证书后并不作什么答复,只是根据表决心者或保证者所决定或保证的内容实施监督和检查。所以从行文方式这一角度看,具有单方的特征。

四、决心书、保证书的书写格式

尽管保证书是单方发出的,但决心书、保证书的具体行文却仍需依一般书信的格式。另外决心书、保证书的具体规定或保证内容一般也是用分项的方式一条条地列出的。

(一)称呼

团体的名称,有时可冠以"亲爱的"、"敬爱的"等修饰词。称呼后加冒号。

(二)正文

称呼后下一行空两格起写正文。正文是决心书或保证书的主体。保证有几条,决心有几点,最好分行写开,以使目的清楚。

(三)结语

可以写"请予批准"、"此致敬礼"等,也可以不写。

(四)署名和日期

结语之后下一行靠右写署名,如是众多的人,最好是各人都签名;如果是单位、集体,写上名称后最好盖上公章。在署名下一行的下方写上书写决心书或保证书的日期。

经典范文

范例 1 决心书

决 心 书

厂党委:

我们三车间全体同志决心响应党委提出的"争做先进车间"的号召,决心做到:

一、坚持四项基本原则,坚定社会主义信念,两个文明一起抓。

二、到 11 月底完成全年生产计划,产品合格率在 99%以上。

三、节约原材料 10%,节约能源 15%。

四、出勤率 98%。

五、全年无工伤事故。

六、今年内 70%的工人达到高中文化程度。

请领导和同志们严格监督执行。

第三车间全体同志
二〇××××月×日

第三节　意向书

撰写要领

一、意向书的概述

意向书是社会组织内部各部门之间或组织与组织之间表达和记录某种意向的公关文书。

二、意向书的特点

其一是协商性,其二是灵活性。意向书不同于协议、合同,一经签约不能随意更改,意向书比较灵活,在协商过程中,当事人各方均可按各自的意图和目的提出意见,在正式签订协议、合同前亦可随时变更或补充,最终达成协议。其三是简略性。

意向书具有法力约束力。

三、意向书的写作格式

(一)标题

为了明确、醒目,意向书之前要加上项目名称,如:"合资兴建麦秆草席加工厂意向书"、"合作建立×××公司意向书"。

(二)开头语

写明合作各方单位的全称,双方接触的简要情况,磋商后达成的意向性意见,本着什么原则,兴建什么项目。

(三)正文

分条款叙写达成的意向性意见,即兴建项目所要涉及的最基本的内容要点,而且必须交代"未尽事宜,在正式签订合同或协议书时予以补充",留有余地。

(四)结尾

写明时间和洽谈意向性单位的全体代表姓名,签字盖章。

四、意向书写作的注意事项

(一)严肃认真,忠实于洽谈会议记录。意向书是依据意向洽谈会议记录整理而成的。所达成的意向,洽谈双方均有义务履行,因此必须经双方认可,撰写者既不能随意编造,也不能把非会议记录的内容添上,而是要严格按记录整理。

(二)所达成的意向,必须按内容分条叙述。既然是意向,就不一定十分周全,允许有不完善之处,不能像订合同或协议那样周密。

(三)既然意向书是以后签订合同的一种准备,各种意向应参照合同或协议的条款排列,以显示其"雏形"的特色,区别于"会谈纪要"的格式。

(四)语言要准确、表述要清楚。不能因为它是一种意向性的文件而过多使用模糊或者有歧义的语言。

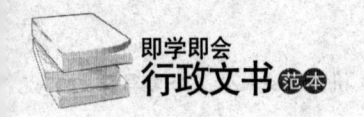

经典范文

范例 1 合作意向书

合作培训意向书

甲方：××市现代科技培训中心 ×× 乙方：××出版社

经双方商讨，拟合作举办一期编辑、校对技术短期培训班。初步意向如下：

一、培训期3个月。××××年×月×日开班，×月×日结业。

二、培训学员10名。由乙方选送25岁以下、具有高中文化程度的人员。

三、培训费2万元，由乙方在开班前支付给甲方。

四、甲方提供培训场地、师资、教材，并负责教学管理，发放结业证书。

××市现代科学技术培训中心　××出版社
代表：×××（签字）　代表：×××（签字）
××××年×月×日

第四节 挑(应)战书

撰写要领

一、挑(应)战书的概述

挑战书、应战书是发动群众,开展竞赛的一种应用文体。

挑战书是个人、集体和单位,为开展某项竞赛而发出的挑战,希望与其他个人、集体和单位共同参与竞赛而运用的一种书信。

应战书则是个人、集体和单位响应有关方面的挑战而予以答复的一种书信。

二、挑(应)战书的意义

(一)发动群众,振奋群众的精神、斗志,调动人们的积极性,以便更好地完成工作任务。

(二)增强团结友爱精神。开展社会主义竞赛的双方,在竞赛中需要协作、需要商讨、需要交流,这样,必然会增强双方或几方的团结和友爱,使单位与单位之间、组织与组织之间感情有一个大的提高、加深。

(三)可以促进我们的共同事业在更大的深度、广度上得到发展。因为这样多的人投入竞赛,必然会推动我们事业的发展。竞赛是真正的群众运动,而真正的群众运动是推动社会前进、推动生产力发展的原动力。

三、挑(应)战书的格式

(一)标题

第一行正中以较大的字样写上标题。

(二)称呼

标题下空一两行,顶格写向谁请战、挑战、应战,称呼要用全称,有时可加上"敬爱的"、"亲爱的"等修饰词。

(三)正文

称呼下一行空两格起写正文。正文的内容大体要包括这样几个方面:

1.请战者、应战者的态度,即请战者要表示主动接受任务,挑战者要提出自己能做到也要求对方能做到的条件,或对对方提出的条件做些修改。

2.对竞赛的评判标准及评判人选也可提出意见,当然修改不修改评判标准,掉换不掉换评判人员,这是由上级或竞赛组织者做最后决定,一旦最后决定了,参加竞赛者即使有意见,也要服从。

(四)结语

一般要写结语,那是简短的礼节性语言,如"此致敬礼"、"祝竞赛成功"等。

(五)署名和日期

最后是署名,个人写姓名,单位、集体写名称以外,必要时要盖章。署名的下一行或署名的后面写上发出的年、月、日。

四、挑战书、应战书的写作要求

(一)要实事求是

要不要参加竞赛,有没有条件参加竞赛,要实事求是地确定,不具备条件的,就不要勉为其难地参加;有些条件不能接受或达不到的,也要明确说出。只有实事求是,从自己的实际情况出发,能办到或经过努力能办到的,才能作为竞赛条件,才能调动群众的积极性,才能在竞赛中取得胜利。

(二)交代要明确

对竞赛的内容、条件都要说明确,不能含糊;一些数字,更要讲得具体;一些标准,要说得有分寸。

(三)语言要得体

语言一定要朴实、精练、准确,特别要平和,千万不能火爆,即使对人家的条件有意见,也要大度地提出商量,不能指责。

经典范文

范例1 挑战书

挑 战 书

××××同志们：

  为了圆满完成这次团战术综合演练的21个实战课题，我连全体官兵谨向你们提出友谊的挑战。我们具体的条件是：

  一、提高认识，不断端正演练态度

  这次演练是团里每年进行一次的规格较高、难度较大、针对性较强的训练课题，也是我团贯彻军委新时期军事战略方针的具体体现。我们应做到认识充分，态度端正，从实战出发，自觉练思想、练意志、练作风、练体魄，努力增强高技术条件下组织管理能力、野战生存能力和以现有装备战胜优势装备之敌的能力，以积极的态度，坚强的斗志，顽强的作风。迎接"吃、住、走、打、藏"的严峻挑战。

  二、从难从严，高标准完成规定的演练课题

  这次演练是对我们贯彻新时期军事战略方针和平时训练效果的一个实际检验。我们要把平时练就的本领真正体现在演练场上，在所进行的21个演练课题中，争取做到：基础科目的及格率为98%以上，优秀率为60%以上；战术课题演练的及格率为95%以上，优秀率为55%以上，其他一些科目要争取突破营的纪录，个别科目要突破团的纪录。

三、勇于吃苦，自觉接受艰苦锻炼（略）

四、以身作则，充分发挥骨干表率作用

综合演练是对我们全体官兵特别是各级骨干能否发挥表率作用的一次检验。各级军官要坚持以身作则，当好演练的排头兵、狠抓演练中经常性思想工作和经常性管理工作的落实，保证演练安全，提高演练质量；党员、骨干要发挥楷模作用，认真履行各自职责，做到吃苦在前，享受在后，积极宣传群众、带领群众、帮助群众；团员青年要积极要求进步、努力创造条件、争取在演练中"火线入党"。

五、学习雷锋，积极为人民群众多做好事

整个演练中，我们要途经6个村镇，宿营3个乡村，为此在严格执行群众纪律的同时，要不失时机地宣传党的路线、方针、政策，大力开展"学雷锋、树新风"活动，做到"走一路红一线，住一地红一片"，当好社会主义精神文明建设的排头兵。

同志们，演练场就是战场。让我们振奋精神，士气高昂地迎接考验吧！

此致

敬礼

××连全体官兵

二〇××年×月×日

范例② 应战书

应 战 书

××部门：

接到你们的挑战书，我们进行了认真的讨论，大家表示坚决应战。我们同意你们提出的条件，另外补充两点，希望共同实行。

关于评判人，除同意你们意见外，建议增加两部门的支部书记为评判人。同意与否，请告知。

××部门

××××年×月×日

第五节　贺信、贺电

撰写要领

一、贺信的概述

贺信是对某一单位或个人所取得的成就表示祝贺的信件。常用于隆重的会议或喜庆的仪式上。上下级之间、同级单位之间，都可以发出贺信。

二、贺信的基本格式

(一)贺信的基本格式

1.标题。在第一行正中写上"贺信"二字。也可以在"贺信"前写上谁给谁的贺信以及被祝贺的事由。

2.称谓。顶格写接受贺信的单位或个人及称呼，后加冒号。

3.正文。另起一行，空两格写贺信的内容。一般包括：简述当前的形势和工作发展情况；说明对方取得的成绩及原因；表示热烈的祝贺和殷切的希望。

4.结尾。先署名，另起一行，在信的右下侧写明发信单位或个人名称。最后注明年、月、日。

(二)写贺信的要求

1.感情真挚、浓烈，给人以鼓舞。

2.文字简练，语言朴素。不堆砌华丽辞藻，不言过其实，不空喊口号。

3.评价要恰当，有新意，避免陈词滥调。行文规范，称谓得体。

三、贺电的概念

贺电，又叫庆贺电，它是领导机关、单位或领导人以个人名义发给有关单

位、集体、个人,以表示祝贺、赞颂的电报。

四、贺电的格式与写作

(一)标题。在第一行正中写"贺电"二字,有的贺电也可以不写标题。

(二)称谓,在第二行顶格写收电单位或个人的称呼。

(三)正文。正文部分直接写明祝贺的内容、成就、意义。

(四)结语。写表示热烈的祝贺和寄予希望的话语。可以紧接正文写,也可另起一行。

(五)署名和日期。在右下方写发文单位名称或个人姓名;下边写年、月、日。

经典范文

范例1 贺信

××省会计核算中心成立贺信

××省财政厅:

欣悉××省会计核算中心成立,谨表示热烈祝贺!

随着经济体制改革的深入和社会主义市场经济的发展,改革会计管理体制,健全会计监督制约机制,发挥会计职能作用,被提到重要议事日程,并进行了积极探索和有益尝试,对行政事业单位实行会计集中核算就是这方面改革的重要形式之一。从试点的情况看,实行会计集中核算,不仅有利于规范资金管理和提高会计信息质量,也为国库集中支付制度、政府采购制度、实行财政性资金"收支两条线"管理和部门预算等财政改革的顺利实施奠定了可靠基础。××省会计核算中心的成立,必将对推动××省会计管理体制改革,促进会计工作更好地为社会经济发展和廉政建设服务,起到重要作用。希望××省会计核算中心在当地党政部门的领导下,积极探索,勇于开拓,完善各种内部管理制度,不断提高员工的业务素质和工作水平,增强服务意识,提高服务质量,为推动会计改革的深化和地方经济的发展作出应有的贡献!

财政部会计司
二〇××年×月×日

范例 2　贺电

县委、县政府向中国女排发去贺电

国家排管中心转中国女排:

　　欣闻中国女排于8月23日力挫古巴女排,勇夺奥运会铜牌,为中华民族增添了新的殊荣和光彩。在此,谨向你们表示最热烈的祝贺。

　　我们全县人民为中国体育健儿在北京2008年第29届奥运会上取得的突出成绩而骄傲,为××籍运动员×××在赛场上的出色表现而自豪。我们将以中国体育健儿为榜样,发扬顽强拼搏的精神,开拓进取,为建设山水园林型的现代化新兴城市、全面实现小康社会目标而奋斗,为我国社会主义现代化建设事业作出更大贡献。

中共××县委
××县人民政府
二〇××年×月×日

第六节　喜报、捷报

撰写要领

一、喜报的概述

喜报是报告喜讯的专用书信。它有两种类型：一种是某个单位在工作中取得了显著成绩或重大创造发明，向上级单位或重要会议报喜的；一种是个人或集体在学习、工作中取得优异成绩，获得某种光荣称号，上级机关向有关方面或家属报喜用的。

二、喜报的写法

(一)完成了什么任务，取得了什么成绩或批准了什么要求。

(二)概括说明取得成绩的原因。

(三)今后如何更进一步完成更艰巨的任务或取得更大的成绩。

(四)写喜报一定要实事求是，简明扼要。喜报的格式和一般书信相同。

三、捷报的概述

捷报是一种下级向上级或个人向组织报告所取得的成绩、成就或战绩时使用的上行式特殊书信。"捷"包括"胜利"与"快速"两层意思。捷报，意为把胜利的消息尽快传播出去。因此又叫"快报"。

四、捷报的特点

(一)捷报要以最快的速度，把最新完成重大任务的情况报给上级机关或领导。写捷报的人要随时了解任务完成的每个细节、情况，要及时地写，快速地报。

(二)捷报用来传递胜利、成功的消息，捷报不是要传递任何一种消息，而只是用来传递胜利进展,一些关键性的步骤的完成或顺利进展会关系到整个工程、任务、战役全局能否顺利进行或完成。如果能及时地传递胜利的喜悦,不仅可以使上级领导机关坚定自己的既定决策,鼓舞士气,同时,也可以使上级领导机关更好地统筹安排下一步工作,为取得全局性的胜利打下基础。

五、捷报的写作格式

捷报主要由信件名称、受信者称谓、正文、结语、署名和日期五部分构成。

(一)信件名称。在第一行正中用较大字体写"捷报"字样。

(二)受信者称谓。另起一行,顶格书写受信者单位名称或个人职务、姓名。在个人姓名后加上"同志"、"先生"等恰当称呼。在称谓后加冒号。

(三)正文。另起一行,空两格书写捷报内容,包括成就(成绩)的情况、主要内容及取得成绩或胜利完成任务的原因、今后的设想打算等。

(四)结语。另起一行,空两格写"特此报捷"或"特此捷闻",后面不用标点符号。

(五)署名和日期。在信件的右下方写上发信人的单位名称、集体总称或个人职务、姓名。在署名下写出发信的准确日期。

六、捷报的写作要求

(一)首先应注重快捷、及时地反映工作中所取得的重大成就,使有关上级部门或领导能尽早了解情况、掌握全局,做出下一步的决策。

(二)应注意内容的选择,不要滥用捷报。一般当下级部门、集体或个人取得突出成就,具有较大较普遍的影响时才使用捷报。这样,才能更好地发挥捷报的社会作用。

(三)捷报的内容应真实、具体,有数据的应写明确切数据。对所取得的成就要实事求是,不夸大、不缩小。这样才能使人信服,从而产生影响。

(四)语言应简洁明晰,通俗易懂。不要使用怪僻的字眼或堆砌辞藻,应高度凝练,篇幅短小精悍。

经典范文

范例1 喜报

喜 报

×××同志：

由于你在工作中创造了四年税收无差错的优异成绩，荣获市税务局颁发的"三八红旗手"光荣称号。

特此报喜

××省××市税务局
××××年×月×日

范例2 捷报

捷 报

××市市政建设指挥部：

为迎接建国××周年和党的××大胜利召开，我部各级人员积极努力，克服困难，胜利完成了××××路改造工程。××路将于本月 28 日正式通车，比预定期限提早整整一个月。

特此报捷

××路工程指挥所
××××年×月× 日

第七节 讣告

撰写要领

一、讣告的概述

讣告又称"讣闻"、"讣文"。"讣"原指报丧的意思,就是将人死了的消息报告给大家。讣告是机关、单位、个人,把某人去世的不幸消息向死者的亲戚、朋友、家属发出的通告性文书。

党和国家领导人去世,现在一般不用讣告而用公告或宣告,以表示隆重、庄严,是国内发生的大事。

二、讣告的写作格式

(一)在开头一行中间写"讣告"二字,或在"讣告"前冠上死者姓名,如"×××讣告"。字体要大于正文的字体。

(二)写明死者的姓名、身份、因何逝世,逝世的日期、地点,终(享)年岁数。

(三)简介死者生平,着重简略介绍死者生前具有代表性的经历。

(四)通知吊唁、开追悼会的时间、地点。

(五)署明发讣告的团体或个人的名称以及发讣告的年、月、日。

经典范文

范例1 一般讣告

讣　告

中共党员，原第七届、第八届全国人大代表，国家一级演员，第五届金鸡奖获得者，享受国务院特殊津贴优秀专家，××市文联副主席，××市文化艺术研究中心名誉主任×××同志，因病医治无效，不幸于20××年×月×日×时×分在××逝世。终年×岁。定于×月×日上午×时在××公墓举行遗体告别仪式。

联系电话：×××××××

×××
×××同志治丧委员会
二○××年×月×日

范例2 公告式讣告

公　告

中国政府中央委员会、中华人民共和国全国人民代表大会常务委员会、中华人民共和国国务院以极其沉痛的心情宣告：

我国杰出的国际政治活动家、全国人民代表大会常务委员××同志因××病，于××××年×月×日在××逝世，终年×岁。

××同志的逝世，是国家和全国人民的巨大损失。决定为××同志举行国葬，以表达我国各族人民的沉痛悼念。

××同志治丧委员会已经成立。

我国卓越的国际政治活动家、全国人民代表大会常务委员××同志永垂不朽！

×××× 年 × 月 × 日

××同志治丧委员会公告

为了表达全国各族人民对中华人民共和国全国人民代表大会常务委员××同志的深切哀悼，现决定：

一、××××年×月×日至×月×日，在人民大会堂举行吊唁。中央党政机关、各民主党派、人民团体和北京市各方面的负责人、各方面的群众代表以及外国驻华使节和在京的国际友好人士，参加吊唁，瞻仰遗容。

二、××××年×月×日下午×时在人民大会堂大礼堂举行追悼会。中央人民广播电台、中央电视台转播追悼会的实况。

三、从××××年×月×日至×月×日，在北京新华门、天安门、外交部和我国驻外使领馆及其他驻外机构均下半旗致哀，×月×日举行追悼会的当天，全国下半旗致哀，同时停止娱乐活动一天。

四、依照我国惯例，不邀请外国政府和友好人士派代表团或代表来华吊唁。

特此公告

×××× 年 × 月 × 日

××同志治丧委员会名单

××同志治丧委员会名单(×人，以姓氏笔画为序。)(略)

第八节　悼词

撰写要领

一、悼词概述

悼词是对死者表示哀悼的话或文章。它有广义和狭义之分。广义的悼词指向死者表示哀悼、缅怀与敬意的一切形式的悼念性文章；狭义的悼词专指在追悼大会上对死者表示敬意与哀思的宣读式的专用哀悼文体。

二、悼词的特点

(一)总结死者生平业绩并充分肯定其社会意义和社会价值。它是从哀悼的角度来总结死者生平事迹，它的字里行间饱含深情，言简意赅。

(二)化悲痛为力量的积极的基调和内容。现代悼词已经排除了感伤、悲观、虚无的消极内容。它回首死者的往事，是为了面向现在，展望将来。因此，现代的悼词，除了要感情深切沉痛之外，还须一字一句都充满力量，激奋人心。

(三)多种多样的表现手法。现代的悼词，按表现手法不同，可分为三大类：即记叙式、议论式、抒情式。

记叙式：就是以记叙死者的生平业绩为主，并适当地结合抒情或议论。

议论式：就是以议论死者对社会的贡献为主，并适当地结合抒情或叙事。

抒情式：是指以抒发对死者悼念之情为主，并适当穿插叙事或议论。

三、写悼词要注意的问题

(一)明确写悼词的目的是介绍死者的生平事迹，歌颂死者生前在革命和建设中的功绩，让人们从中学习死者好的思想作风，继承死者的遗志。这种歌颂是严肃的，不夸大、不粉饰，要根据事实，作出恰当的评价。

（二）要化悲痛为力量。有的死者生前为党为人民做了很多好事，他们的美德会时时触动人们的心灵。所以这些人去世，有的人会痛哭流涕。

（三）语言要简朴、严肃、概括性强。

四、悼词的写作

（一）记叙死者，表示对死者十分沉痛的心情；概括地对死者进行评价；交代何年何月何日因何原因，与世长辞，享年多少岁。

（二）介绍死者生平事迹，主要介绍死者的籍贯、身份、家庭情况，参加工作时间，一生中所做的工作和对人民的贡献。要写得具体、概括，突出重点。

（三）对死者的评价：对死者一生的为人，对国家、对社会、对人的高贵品质、思想作风进行综合评论。

（四）说明×××的死去，是一损失，现在悼念他，是勉励其他同志学习他那些高贵品质，为国家和社会多作贡献。

经典范文

范例 1　宣读体悼词

悼　　词

今天，我们怀着十分沉痛的心情，悼念我们的好经理刘××同志！

刘××同志系中国共产党党员，××公司经理，因病多方治疗无效，于××××年×月×日×时×分在××医院不幸逝世，终年×岁。

刘××同志××××年×月参加工作，××××年×月参加中国共产党，历任百货公司营业员、采购员、会计、财务股副股长、百货公司经理等职。在长期的工作中，她大公无私，热爱集体，工作积极，勤勤恳恳，认真负责，任劳任怨，作风平易近人，谦虚谨慎，是党的好干部。她三十多年如一日地忠于党和人民的事业，为国家的财贸事业做了大量的工作，作出了一定的贡献！

现在，刘××同志与世长辞了，使我们党失去了一个好党员，使我们财贸战线失去了一个好干部，我们感到无限悲痛！

我们沉痛地悼念刘××同志，我们要化悲痛为力量，学习她勇往直前的革命精神和大公无私的高贵品质，在党的领导下，为建设我们伟大的祖国，为实现四个现代化而努力奋斗！

刘××同志安息吧！

××商业局
××××年×月×日

范例 2　书面体悼词

沉痛悼念××副教授

××同志生前发表法学学术论文近三十篇，出版《××》、《××》等近十部学术著作，以自己的奋斗成果提升了××大学法学专业的声望，丰富了中国法学研究的百花之园。

××同志热爱党、热爱祖国，有极强的公益心，在担任学院经济法系党支部委员和支部书记期间，工作勤勤恳恳、兢兢业业、尽职尽责，为学院的党建工作倾注了大量的精力。在患病期间，××同志坚强豁达，理性冷静，在与病魔进行顽强抗争的同时，仍然坚守教书育人之岗位，直到生命的最后一刻。××同志一生是奋斗的一生，是光荣的一生。他的逝世使我们党失去了一位好党员、学院失去一位好教师、好同志，也使人间失去了一位好父亲、好丈夫、好儿子。让我们化悲痛为力量，努力学习××同志的好思想、好品德、好作风，勤奋工作，乐观向前。

××同志您安息吧！

××同志治丧小组
××××年×月×日